메리의 결혼 이야기

2021년 11월 9일

♥

'내가 너를 도울테니 거침 없이 쓰라'
말씀하신 성령님께 감사드립니다.

추천사

　사람으로 태어나서 한 인생을 살아가는 과정 중에 누구를 만나느냐 가 인생의 전체를 결정 짓는다. 그 중에서도 결혼을 통하여 일생을 함께 해야 할 동반자를 만나는 것은 인생의 전체라고 할 수가 있다. 결혼을 통하여 행복, 성취, 목표달성, 모든 것이 결정된다. 그러나 오늘날의 현대인들은 결혼을 자기의 마음대로 하고 그 후에는 후회를 한다. 한국의 이혼율은 미국과 영국 다음으로 세계에서 3위다. 이것은 사회적 비극이며 후손으로 태어날 미래 세대의 비극이며 국가와 사회에 대하여 비극이다. 어느 사회학자는 이혼이란 아기를 절반으로 나누는 것과 같은 것이라고 말했다. 이 모든 것은 결혼에 대한 실수로 일어난다. 그러나 반면에 하나님의 인도하심이 있는 성공적인 결혼은 각자가 따로 살았으면 전혀 이루지 못했을 삶을 가능케 하기도 하며 인류역사를 바꾸기도 하며 한 국가의 운명을 좌우하기도 한다. 저자는 이 모든 것을 자세히 직시하고 경험담과 성경을 통하여 이해한 후 〈메리의 결혼 이야기〉를 저술하였다. 이 책이 앞으로 많은 젊은이들에게 절대적인 결혼의 가이드가 되기를 바란다. 이 책을 통하여 성공적인 결혼의 만남이 다시 한번 대한민국 사회에서 일어나기를 바란다.

전광훈 목사 (시아버지)

사랑하는 메리야

　세상에서 가장 아름답고 맑은 모습으로 우리 집에 와 주어서 우리 집을 표현할 수 없을 정도로 환하고 밝고 행복하게 비추어 주어서 너무 고맙고 감사하다. 하늘에서 내려온 아기 천사 같은 귀한 보물을 우리 집에 허락해 주신 하나님께 한 없는 감사를 드리고 있단다.

　보기에도 아까울 정도로 예쁜 우리 메리, 짧은 인생을 살면서 어려서부터 결혼하기 까지의 과정을 책으로 낸다고 해서 너무 축하한다.

　메리에 대한 무한한 사랑을 짧은 글로 표현하기에는 역부족이지만 마음 만큼은 무한한 사랑과 애정을 보낸단다.

　축하한다.

서미영 사모 (시어머니)

<메리의 결혼이야기>는 변하기 쉬운 감정 혹은 세상의 야망이 아닌, 오직 하나님께서 주신 분명한 비전만을 따라 아름다운 가정을 일군 저자의 이야기를 담고 있습니다. 작년 10월에 전광훈 목사님을 따라 미국 애국 순회를 마치고 해외 입국자로써 격리를 할 수 밖에 없는 상황 속에서도, 저자는 '위기를 기회로 만든다'는 말처럼 이 책을 쓰기 시작했습니다. 앞으로 <메리의 결혼이야기>가 자유 대한민국을 사랑하는 수천수만 명의 청소년과 청년들, 그리고 부모님들에게 성경적인 결혼에 대한 귀한 안내서가 될 것을 확신하며 이 모든 영광을 하나님께 올려 드립니다.

　　사랑하는 딸 메리야! 어릴 때부터 무한한 상상력을 가진 너로 인하여 아빠는 언제나 행복했단다. 때때로 가난한 유학생 시절의 힘든 시간들도 많았지만, 하나님께서 주신 세계선교의 비전을 키워 올 수 있었던 것은 너를 우리 가정에 보내준 하나님의 사랑 때문이었단다. 그리고 에녹 전도사의 사랑과 너의 순종으로 가꾸어가는 둘의 아름다운 결혼생활을 지켜보면서 언제나 마음이 든든하구나. 비전과 사랑으로 살아가는 전광훈 목사님과 서미영 사모님 그리고 메리를 사랑하는 귀한 분들이 함께 있어 아빠는 비록 몸은 종종 멀리 떨어져 있어도 오늘도 너와 함께 살아간다. 빨강머리 앤의 저자가 책의 마지막 장에 기록한 글귀처럼, '하늘에는 하나님이 계시고, 내 마음은 평안하도다'의 고백을 평생 잊지 않기를 바란다. 사랑하고 축하한다, 메리야!

양준원 목사 (친정 아버지)

사람에게 가장 중요한 것이 있다면 그것은 만남이다. 누구를 만나는가, 그것이 사람의 일생을 좌우하는 것이라고 해도 과언이 아니다. 그런데 사람이 자신의 인생에서 선택할 수 없는 만남이 있다면 그것은 부모와의 만남이다. 부모를 만나는 것은 하나님께서 정해 놓으신 뜻이다. 그리고 대부분의 사람들은 부인 하겠지만 결혼의 만남 역시도 하나님께서 정하신 짝이 있다.

오늘날 많은 젊은이들은 자신의 반쪽을 찾기 위해서 분주하게 돌아다닌다. 그러나 <메리의 결혼이야기>는 자신의 배우자를 찾기까지 하나님께 기도하고, 자신의 감정과 생각이 아니라 오직 하나님의 음성만을 따른 성경적인 결혼 이야기이다.

이 책은 그리스도인의 결혼관에 대한 지식적인 정보가 아닌, 저자가 직접 순종하고 살아낸 결혼담을 기록한 것이기에 결혼을 준비하는 많은 젊은이들에게 깊은 영향력을 끼칠 것이라 믿는다.

성경적인 결혼관이 깨어진 오늘날 이 시대에 모든 사람들에게 방향성을 잡아주는 빛으로 임하는 책이 될 것이다.

김은하 목사 (친정 어머니)

목차

추천사 ... 6
프롤로그: 딴딴따단, 10월의 신부 ... 12

chapter 01 나의 이야기 ... 21
chapter 02 메리야, 네 결혼을 내게 줄 수 있겠니? ... 29
chapter 03 하나님의 뜻을 알면서도 순종하기 힘든 이유
 : 나의 독립된 지정의 ... 37
chapter 04 지정의를 반납하기 힘들었던 세 가지 이유 ... 43
chapter 05 가장 힘든 지정의, 나의 감정을 죽이다 ... 57
chapter 06 나는 너에게 더 많은 것을 부어주고 싶단다 ... 65
chapter 07 하나님이 원하신다면, 결혼할게요 ... 77
chapter 08 에녹 오빠를 만나다 ... 83
chapter 09 전광훈 목사님의 주례사: 최후의 새 예루살렘 결혼식 ... 91
chapter 10 나의 이삭은 어디에 있나? ... 97
chapter 11 나에게 하나님은 어떤 분이신가? ... 105
chapter 12 너랑 있으면 왠지 모르게 마음이 편하고 따뜻해 ... 113
chapter 13 메리의 〈배우자 기도문〉 ... 121

chapter 14 결혼 전, 2가지 체크리스트   135

chapter 15 네 가지 밭의 비유   153

chapter 16 메리야, 아빠가 정말 미안해   163

chapter 17 메리의 꿈   179

chapter 18 우리 가정의 꿈   201

chapter 19 그리고, 메리의 마지막 꿈   207

에필로그   212

딴딴따단, 10월의 신부

　시원한 바람과 아름다운 단풍이 산들거리는 10월의 어느 멋진 날에, 나는 동화 속 공주님처럼 새하얀 웨딩드레스를 입고 영원한 동반자를 맞이하기 위해 예식장에 들어섰다. 신부의 입장을 알리는 행진곡과 수많은 하객들의 플래시 세례 속에, 나의 손을 꼭 잡고 있는 아빠의 크고 따뜻한 손을 마지막으로 쳐다보았다. 내가 태어나자마자 부둥켜 안아 준 손, 넘어질 때마다 일으켜 세워준 손, 그리고 방황하는 나에게 하나님을 가리켜준 손. 그 순간, 나는 아빠의 손이 지난 24년 동안 나와 함께하신 하나님의 손임을 깨달았다.

　태초부터 시작된 나를 향한 하나님의 손은 내가 이 세상에 태어나자마자 나를 부둥켜 안아주었고, 넘어질 때마다 일으켜 세워주었고, 방황할 때마다 하늘나라를 가리켜 주었다. 그리고 24년이 흐른 10월의 어느 멋진 날에, 하나님은 사랑하는 남편의 곁으로 나를 인도하셨다.

　우리의 삶에서 결혼이 중요하다는 말을 초등학교 6학년 때 엄마에게 처음 들었다. 그 말을 듣고 초등학교 6학년 때부터

30가지의 기도제목을 두고 배우자를 위해 날마다 쉬지 않고 기도했다. 하지만 하나님께서는 완전무장한 나의 '결혼 설계도'가 얼마나 하나님의 생각에 미치지 못하는지 나의 삶을 통해 증명하기 시작하셨다.

> "이는 하늘이 땅보다 높음 같이 내 길은 너희의 길보다 높으며 내 생각은 너희의 생각보다 높음이니라."
>
> (사 55:9)

나는 적당한 신장에 마른 체형을 좋아했고, 뿔테 안경을 끼고 책을 읽는 남자에게 호감을 느꼈다. 자연스러운 연애와 결혼을 꿈꿨다. 하지만 하나님은 전직 고등학교 미식축구 선수이고, 책과는 거리가 멀고, 시력은 독수리처럼 좋은 남편을 맞이하게 하셨다. 심지어 고작 한 달 만에 나의 인생 전부를 던지고 결혼하게 하셨다.

처음 만난 사람과 한 달 만에 결혼한 것은 한순간의 결정이나 결단도 아니었고, 감정의 요동도 아니었다. 내가 남편과 마치 조선시대를 방불케 하는 결혼을 할 수 있었던 것은 지난 24년 동안 지속된 하나님과의 관계 때문이었다. 나는 하나님과의 관계 때문에 나에게 가장 완전한 배우자를 알아볼 수 있는 눈이 생겼고, 지금의 남편을 배우자로 삼는 가장 큰 축복을 누리게 되었다.

결혼은 나의 생각에 가장 멋진 사람을 만나는 것이 아니라, 하나님의 생각에 가장 멋진 사람을 만나는 것이다. 많은 청년들이 결혼을 선택할 때 배우자의 성격, 가정의 환경, 직업과 스펙을 본다. 어떤 이는 부모의 간섭 없이 자신의 판단으로만 결혼을 선택하기도 한다. 그런데 왜 많은 이들이 결혼에 실패하는가?

오늘날 대한민국은 하루에 대략 300쌍 이상이 이혼한다. 이는 OECD 회원국 중 9위에 해당하며, 아시아에서는 독보적인 1위다. 확신한 자신의 선택이라고 생각했지만, 몇 년 지나지 않아 후회하는 부분들이 많다. 결혼에 대한 나의 생각과 판단은 완전한 짝을 알아보기에는 역부족이다.

크리스천 청년이 반드시 기억해야 할 것이 있다. 바로 하나님께서 나를 위해 딱 한 명의 배우자를 예비해두셨다는 것이다. 하나님께서 예비하신 배우자는 하나님의 눈으로 보았을 때, 나에게 가장 완전한 사람이다. 그렇기 때문에 배우자를 만나는 그날까지 우리는 외모와 스펙에 신경을 쓰는 것이 아니라 하나님께서 택정하신 배우자를 알려주셨을 때에 그 사람을 알아 볼 수 있는 눈과 귀, 그리고 열린 마음을 지속적인 하나님과의 관계 안에서 준비해야 한다.

또 한 가지 기억할 것은 실패한 결혼, 무너진 혼전순결, 좌절된 희망 역시 하나님과의 관계 안에서 전부 회복이 가능하다는 것이다. 결혼의 실패로 결혼생활을 완전히 포기했는가? 한순간의 잘못된 선택으로 혼전순결이 무너져 죄책감 속에 살고 있는가? 낮은 자존감과 사람에 대한 불신에 사로잡혀 결혼에 대한 희망이 좌절되었는가? 이혼을 했어도, 혼전순결이 무너졌어도, 혹은 낮은 자존감과 불신에 사로잡혀 있어도 예수님 안에는 '영원한 실패'란 존재하지 않는다.

성경을 보면, 유다의 며느리 다말, 기생 라합, 그리고 과부 룻까지 예수님의 신부를 표상하는 인물들은 대부분 무너진 사람들이었다. 이 무너짐은 앞에서의 사유에 적용되는 이들뿐만 아니라 우리 모두에게도 적용된다. 우리는 모두 선악과의 원죄로 인해 이미 예수님의 신부의 자격이 없는 자들이기 때문이다.

> "모든 사람이 죄를 범하였으매
> 하나님의 영광에 이르지 못하더니."
> (롬 3:23)

참으로 기쁜 소식은 예수님께서 죄인인 우리에게 다시 한 번 회복의 기회를 주셨다는 것이다.

> "그런즉 누구든지 그리스도 안에 있으면
> 새로운 피조물이라. 이전 것은 지나갔으니 보라
> 새 것이 되었도다."
> (고후 5:17)

예수님 안에서는 무너진 결혼도, 잃은 순결도, 바닥까지 친 낮은 자존감도 완전하게 회복할 수 있다. 나는 <메리의 결혼 이야기>가 완벽한 책보다는 하나님의 사랑을 전달하는 책이 되기를 소망한다. 지식만 전달하는 여느 작가의 결혼 지침서가 아니라 하나님의 마음을 공유하고 당신에게 새 마음을 결단케 하는 최고의 인생 책이 되기를 바란다!

양메리 드림

이 책은 내가 10년 동안 배우자를 위해 기도한 이야기다.
이 책은 내가 한번도 만난 적이 없는 신랑과
한 달만에 결혼한 이야기다.
그리고 이 책은 내가 신랑을 만나는 과정 속에서
최후의 신랑되시는 예수님을 만난 이야기다.

이 책은 **〈메리의 결혼 이야기〉**다.

chapter 01

나의 이야기

나의 이야기

　나는 작은 개척교회 목사의 딸로 지극히 평범한 아이였다. 미국 캘리포니아 주에서 태어난 후 미시간 주에서 어린 시절 대부분을 보냈다. 공부보다는 놀이터에서 동네 친구들과 노는 것을 좋아했고, 학교에서는 단짝 친구 두 명 외에는 남들 앞에서 수줍음을 많이 타는 편이었다. 친구의 장난감을 훔치다가 엄마에게 된통 혼난 적도 있는 여느 초등학생과 같은 평범한 아이였다.

　미국에서 초등학교를 마칠 무렵, 아빠의 신학공부가 끝나 우리 가족은 한국으로 돌아왔다. 미국의 삶은 여유가 있었고, 나름 많은 것들을 배우며 즐겁게 살았다. 하지만 한국의 삶은 이전의 삶과 전혀 달랐다. 방 두 칸짜리에 녹슨 물이 나오는 아파트에, 관리비를 제때 내지 못해 3개월에 한 번씩 현관문을 두드리는 경비 아저씨, 교회 스티커가 덕지덕지 붙은 낡은 중고 봉고차를 몰고 다니는 부모님. 솔직히 그때 나는 그런 환경들이 너무 창피했다. 목사의 딸로 사는 것이 곧 가난과 사는 것인가 싶기도 했다. 그래서 한국으로 온 뒤, 어릴 적부터 선생님이 꿈이었던 나는 돈을 많이 벌 수 있는 사업가가 되기로 결심했다. 그리고 이 꿈을 이루기 위해 중고등학교 때 후회 없이 공부를 열심히 했다.

이런 세상적인 방법은 내 마음과 육신을 지치게 했다. 내 안에 하나님의 사랑이 아닌 공부와 돈 등 온갖 세상의 것으로만 채우려고 했으니 당연한 결과였다. 하지만 열등감으로 가득 차 있던 중고등학생에게는 세상의 그 어느 것 하나라도 놓치면, 내 존재의 가치를 잃어버릴 것만 같았다.

그런데 하나님께서는 7년이라는 청소년 시절 동안 나에게 늘 같은 부탁을 하셨다.

"메리야, 내려놓으렴. 그리고 내가 너의 삶의 주인이 될 수 있을까?"

돌이켜보면, 나의 청소년 시절은 이런 하나님의 음성에 반응하며 나의 우상들을 하나님께 반납하는 훈련의 시간이었다. 목사의 딸로 태어났지만, 가난이라는 굴레 때문에 어느새 우상이 되어버린 물질을 반납하게 하셨고, 성공해야 사랑받는다는 허상도 반납하게 하셨다.

이것은 결코 쉽지 않은 일이었다. 예배와 기도, 말씀의 훈련, 죄의 고백, 사람에 대한 용서, 그리고 영적인 지도자에 대한 순종 등 어느 하나 쉽지 않은 결단들의 연속이었다. 하지만 이 연단의 시간을 통해 얻은 결단의 열매는 장차 나타날 영광과 비교할 수가 없었다.

"생각하건대 현재의 고난은
장차 우리에게 나타날 영광과 비교할 수 없도다."
(롬 8:8)

나에게 이 영광은 바로, 자유였다.

　예배 안에서 나는 하나님을 다시 알아가기 시작했다. 하나님은 가난하지 않으시고, 엄격하지 않으시며, 나를 돕고 싶어 하시고, 좋은 아버지라는 것을 알아갔다. 하나님을 알아갈수록, 나는 예수님을 통한 그분의 크신 사랑을 느끼기 시작했다. 그 사랑은 죽어가던 나의 영을 살리기 시작했다. 예배하는 것이 어찌나 즐겁고, 기도하는 것이 어찌나 통쾌하며, 성경을 읽는 것이 어찌나 배부른지! 결국 십일조, 건축헌금, 구제헌금, 감사헌금, 선교헌금 등 이전에는 나의 생명 같았던 돈을 하나님께 온전히 심을 수 있었다. 이미 하나님의 전부인 아들 예수님을 나에게 주셨는데, 나도 당연히 하나님께 나의 전부를 드릴 수 있는 것이 아닌가!

그렇게 나는 예배 안에서 돈과 세상의 모든 가치관으로부터 해방되었다. 해방의 자유는 내 뜻을 죽일 때 누리는 것이며, 이 자유는 태초의 에덴동산에서 우리가 누린 인간의 본래 모습이다.

"주는 영이시니 주의 영이 계신 곳에는 자유가 있느니라."
(고후 3:17)

하나님께서는 날마다 예배 안에 머무는 나에게 기도하는 법, 말씀 읽는 법, 순종하는 법, 그리고 예수님을 사랑하는 법을 가르쳐 주셨다. 젊은 나이에 어느새 세상이 줄 수 없는 자유를 누리고 있던 나는 변화된 나의 모습에 스스로 만족하며 이런 생각을 했다.

'그래, 모든 것을 다 드렸으니 이제는 더 이상 하나님께 드릴 게 없어.'

하지만 2021년 봄, 나의 전부를 이미 하나님께 드렸다고 확신하는 24살의 나에게 하나님은 다시 한 번 말씀으로 찾아오셨다.

"메리야."

"네, 하나님."

"네 손에 있는 그게 무엇이니?"

"제 손에는 아무것도 없는 걸요. 전부를 하나님께 드렸잖아요."

"메리야."

"네?"

"네 손에 있는 그게 무엇이니?"

(…)

"메리야, 그것을 내게 줄 수 있겠니?"

chapter 02

메리야,
네 결혼을
내게 줄 수 있겠니?

메리야, 네 결혼을 내게 줄 수 있겠니?

"메리야, 네 결혼을 내게 줄 수 있겠니?"

내가 이 음성을 하나님으로부터 처음 들은 날이 2021년 3월의 셋째 주일이었다. 사랑제일교회에서 통역간사로 섬기고 있던 나는 매주 오전 11시 주일예배를 위해 오전 10시 20분까지 당회장실에 도착해, 성경도 읽고 권사님들이 주시는 맛있는 쿠키도 먹으면서 예배를 위해 준비했다. 그런데 그날, 특별한 이유 없이 나는 한 시간 일찍 도착했고, 전광훈 목사님도 평소보다 30분 더 일찍 나오셔서 내가 있던 당회장실로 걸어 들어오셨다.

"안녕하세요, 목사님!"

"그래, 메리! 잘 잤나?"

나는 전광훈 목사님이 참 좋다. 2020년 8월 6일, 전광훈 목사님을

처음 만난 그날부터 지금까지 목사님이 변함없이 좋다. 당회장실로 걸어 들어오시는 목사님의 걸음걸이, 환한 미소, 그리고 반갑게 흔들어주시는 두 손을 볼 때마다 나는 목사님의 삶 속에 녹아있는 고난, 죽음, 그리고 부활의 복음까지 느껴진다. 목사님의 복음적인 삶은 내가 흠모하고 닮고 능가하고 싶은 그런 삶이다.

나는 여느 때와 같이 목사님을 반갑게 맞이했다.

"목사님, 잘 주무셨어요?"

"그래, 그래."

원래 바로 당회장실 머리끝 의자에 앉으셔서 기도하실 목사님이 그날은, 평소와 달리 나에게 예상치 못한 질문을 던지셨다.

"메리."

"네, 목사님?"

"너 아직도 애인이랑 사귀고 있나?"

"아니요. 목사님, 1월에 헤어졌어요."

"에잇! 왜 말 안 했어!"

2020년 8월 6일, 8월 15일 광화문 집회 통역을 위해 목사님을 처음 뵌 날, 목사님은 나에게 사귀고 있는 사람이 있냐고 물어보셨다. 그때 나는 대학교 때 교회 청년부에서 만나 3년 넘게 사귀고 있는 남자친구가 있었다. 나는 목사님에게 애인이 있다고 대답했고, 목사님은 그 뒤로 이 같은 질문을 다시 거론하지 않으셨다. 하지만 놀라운 것은 그날로부터 6개월 후, 하나님께서는 하나님의 나라와 비전을 사모하는 나에게 남자친구와의 이별을 결단하게 하셨고, 나는 3년 반의 기나긴 연애에 종지부를 찍었다.

전 남자친구와의 이별 후, 나는 몇 년 동안 아무도 만나고 싶지 않았다. 남자친구와 헤어진 사실을 가족과 가까운 교회 친구들 외에는 그 누구에게도 말을 하지 않고 있었다.

"에잇, 왜 말 안 했어!"

목사님께서 웃으시며 호통을 치셨다. 그리고 나에게 말씀하셨다.

"메리야, 잘 들어봐. 사람들은 돈이고 뭐고 다 하나님께 드리면서 정작 제일 중요한 결혼은 자기 마음대로 한다니까요! 가장 결정적인 것에서 실수를 해요! 다른 건 다 네 마음대로 해도, 결혼만큼은 영적인 리더의 말을 들어야 해요, 하나님의 말을 들어야 해요."

목사님의 이런 확신은 목사님 역시 장모님이신 이정순 전도사님의 말씀에 순종하여 서미영 사모님과 결혼한 결과다. 그리고 그 결혼을 통해서 오늘날의 사역이 가능함을 깨달으셨기 때문이다. 하지만, 나는 살면서 이런 말은 처음 들었다. 나에게 결혼이란 하나님께서 예비하신 사람을 자연스러운 감정을 통해 만나는 것이었다. 목사님의 말씀에 어려운 순종이 요구될 것만 같은 무거운 마음이 들었다. 목사님께서 그 다음에 하신 말씀은 역시나 나의 마음을 더 무겁게 했다.

"에녹이가 한국으로 돌아오면 한 번 만나봐."

'에녹?'

에녹은 전광훈 목사님의 외동아들이다. 그때까지만 해도 나는 에녹 오빠가 나랑 동갑인줄 알았다. 그런데 동갑이든 연상이든 그냥 상관없이 싫었다.

'내가 10년이나 배우자를 위해서 기도했는데, 절대 아무랑 사귈 수 없어.'

하지만, 내가 전 남자친구와 헤어진 사실을 아신 후로부터 목사님은 한 주도 빠짐없이 나에게 에녹 오빠에 대해 말씀하셨다. 그리고 그 강도는 날이 갈수록 세졌다.

"에녹이가 8월에 미국에 들어오면 몇 번 만나보고, 바로 결혼하면 되겠다."

"목사님, 그래도 감정이 생겨야 사귀고 결혼하죠. 일단은 한 번 만나보고 생각해 볼게요."

"아냐, 아냐. 생각할 것도 없어, 감정은 알아서 생기는 거야."

그리고 목사님은 강연재 변호사님과 고영일 변호사님 등 손님들이 당회장실을 방문할 때는 결혼 이야기를 더 꺼내셨다.

"결혼만큼은 하나님께 드려야 돼! 나 봐봐, 서미영이랑 결혼하니까 사역을 이렇게까지 할 수 있는 거야! 모든 것을 드려도 제일 결정적인 결혼을 드리지 않으면, 인생 헛방 살아요. 안 그래?"

"맞습니다, 목사님. 결혼은 무조건 영적 리더의 말을 들어야지요."

"내가 에녹이랑 메리랑 결혼시키려고 하는데, 애들이 말을 안 듣네. 허허허."

"아유, 메리 양. 에녹 군이 얼마나 멋있는데. 키도 훤칠하고 잘생기고. 지난번에 목사님 지키는 모습 보는데 정말 듬직하더라고요!"

목사님과 강연재 변호사님의 대화 속에 나는 하염없이 마음만 무거워졌다. 그런데 그 순간, 머리를 끄덕이시는 고영일 변호사님의 모습이 눈에 들어왔다. 한 달 전, 애드보켓코리아에서 주최한 〈차세대 지도자 리더쉽 아카데미〉에 참석했을 당시, 고영일 변호사님께서 하신 말씀이 기억났다.

"여러분이 아직 어려서 모르겠지만, 결혼은 말이죠, 70%는 부모님의 의견, 20%는 주변 사람들의 의견, 그리고 마지막 10%만 나의 의견입니다."

당시 고영일 변호사님의 말씀은 내게 신선한 충격이었다. 그런데 정확히 한 달 뒤에 당회장실에서 목사님의 말씀에 고개를 끄덕이는 변호사님을 보면서 나는 이 결혼이 하나님의 뜻일 수 있겠다는 느낌이 서늘하게 다가왔다. 나는 곧장 속으로 주여 삼창을 부르며 대적기도를 했다.

그렇게 날이 갈수록 당회장실은 결혼상담소가 되었고, 나의 마음은 더 무겁기만 했다. 이 순종은 내 모든 생각을 죽여야만 가능했고, 이 생각을 죽이는 것이란 나의 육신을 죽이는 것만큼이나 고통스러운 것이었다.

chapter 03

하나님의 뜻을 알면서도 순종하기 힘든 이유
: 나의 독립된 자정의

하나님의 뜻을 알면서도 순종하기 힘든 이유
: 나의 독립된 지정의

창세기 3장에서 아담과 하와는 하나님께 불순종하고 선악과를 따먹는다. 그 결과, 그들은 에덴동산에서 쫓겨날 뿐만 아니라 하나님과의 영적 교제를 가능케 하는 '영(spirit)'이 죽는다. 하나님과의 영적 단절은 자연적으로 하나님으로부터 독립된 자아를 불러일으킨다.

데살로니가전서 말씀을 보면, 하나님은 인간을 세 가지 요소로 창조하셨다.

"평강의 하나님이 친히 너희를 온전히 거룩하게 하시고
또 너희의 온 영과 혼과 몸이 우리 주 예수 그리스도께서
강림하실 때에 흠 없게 보전되기를 원하노라."

(살전 5:23)

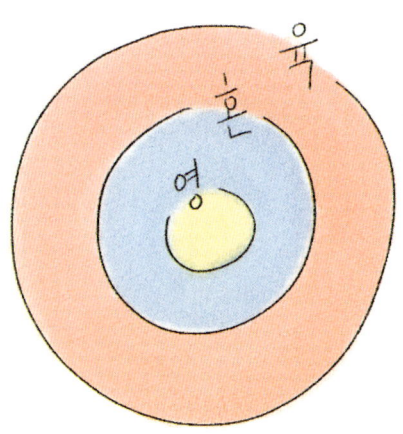

육은 눈에 보이는 육적인 형체를 줄 뿐만 아니라 목마름, 굶주림, 그리고 성적 욕구도 느끼게 해주는 건강하고 아름다운 것이다. 혼은 우리의 지정의이다. 이것은 우리의 지성(생각), 감정, 의지를 의미하며, 우리의 자유의지이다. 마지막으로, 영은 눈에 보이지 않는 하나님과의 관계를 가능케 해주며, 우리는 영을 통해 하나님을 인격적으로 만나고 그분을 알아간다.

"하나님은 영이시니
예배하는 자가 영과 진리로 예배할지니라."

(요 4:24)

동물과 사람의 유일한 구별은 영의 유무이다. 동물에게도 육체와 혼이 있다. 어미 새는 아기 새를 지키고, 사랑하고, 보살핀다. 하지만, 동물에게는 창조주와의 인격적인 관계를 가능케 하는 영이 없다. 여기서 우리는 태초부터 시작된 하나님의 사랑을 알 수 있다. 하나님은 우리를 그분의 형상대로 창조하실 뿐만 아니라, 더 나아가 자녀 된 우리와 교제하기를 원하신다. 우리의 생각과 감정을 궁금해하시는 인격적인 분이시다.

하지만, 선악과의 원죄 때문에 사람은 처음부터 하나님으로부터 독립된 지정의를 가지고 태어난다. 쉽게 말해, 태어날 때부터 우리의 모든 생각, 감정, 의지는 하나님을 180도 대적하고 있다는 것이다. 우리는 사단의 생각, 사단이 주는 감정, 사단이 원하는 선택을 좋아하고 즐거워한다. 이것이 우리의 죄성이다. 하지만, 죄인인 우리가 하나님을 포기한 적은 있어도, 완전하신 하나님은 우리를 포기하신 적이 단 한 번도 없으시다.

> "내가 너로 여자와 원수가 되게 하고 네 후손도
> 여자의 후손과 원수가 되게 하리니 여자의 후손은
> 네 머리를 상하게 할 것이요 너는 그의 발꿈치를
> 상하게 할 것이니라 하시고."
>
> (창 3:15)

선악과 사건이 일어난 즉시, 하나님께서 독생자 예수님을 약속하신다. 그래서 누구든지 예수님을 주로 믿고 입으로 시인

하는 자는 죽었던 영이 살아나고, 독립된 혼을 하나님께 반납할 수 있는 능력이 생기기 시작한다.

> "네가 만일 네 입으로 예수를 주로 시인하며
> 또 하나님께서 그를 죽은 자 가운데서 살리신 것을
> 네 마음에 믿으면 구원을 받으리라."
>
> (롬 10:9)

사실 나는 에녹 오빠의 가족과 비전을 통해 그가 하나님의 뜻임을 일찍이 깨달았다. 하지만, 제2의 생명 같은 나의 독립된 지정의를 하나님의 뜻 앞에 죽인다는 것은 나의 육의 생명을 앗아가는 것만큼의 고통이었다. 선악과 사건에서부터 시작된 나의 독립된 지정의를 결혼의 순종을 통해 하나님께 반납하는 것은 나의 힘으로는 절대 불가능했다.

chapter 04

지정의를 반납하기
힘들었던
세 가지 이유

지정의를 반납하기 힘들었던 세 가지 이유

내가 독립된 지정의를 하나님께 반납하기 힘들었던 세 가지 이유가 있었다.

- 독립된 생각

결혼은 나에게 세상에서 가장 소중한 것이었다. 초등학교 6학년 때부터 나는 〈배우자 기도문〉이라 적힌 하얀 봉투를 10년 동안 성경책 속에 넣고 다니며, 내가 소망하는 배우자의 모습을 놓고 저녁마다 하나님께 기도해왔다. 그래서 아무와 쉽게 결혼하는 것은 마치 그간 해왔던 모든 기도가 무너지는 것만 같았다. 이것은 하나님의 생각과 독립된 나의 생각이었다.

- 독립된 의지

나는 전 남자친구와의 이별 후, 앞으로는 모든 것이 갖춰져 있는 사람만 만나야겠다는 확고한 의지를 세웠다. 나는 중학교 때부터 '결혼할 상대가 아니면 절대 손도 잡지 않는 보수적인 크리스천'의 이미지로 전교생 사이에서 유명했다. 나에게 결혼은 너무나도 소중한 것이었기 때문에 감정대로 누군가를 쉽게 사귀고 싶지 않았다. 그런데 세월이 흘러 나는 대학교에 진학했고, 미국 조지아 주에 있는 작은 한인교회를 섬기면서 동갑내기 전 남자친구를 만났다. 성격도 부드럽고, 말도 유쾌하게 잘하고, 교회 친구들과 목사님에게도 사랑을 받는 청년이었다. 우리는 1년 동안 친구로 지내다가 자연스럽게 사귀기 시작했다. 그 사람과 함께하는 시간이 행복하고 즐거웠다. 마치 인생의 단짝친구를 얻은 것만 같았다.

하지만, 하나님을 아직 인격적으로 체험하지 못한 사람과의 만남은 내 신앙을 병들게 하기 시작했다. 베드로처럼 하나님을 그 누구보다도 더 사랑한다고 자신했던 나였는데, 어느 순간부터 하나님과 함께하는 시간보다 남자친구와 함께하는 시간이 더 행복했다. 다윗처럼 하나님의 사랑만으로 만족감을 느끼고 언제 어디서나 찬양을 흥얼거리던 나였는데, 어느 순간부터는 하나님의 사랑보다 사람의 사랑을 더 찾기 시작했다. 그렇게 하나님의 완전한 사랑만이 채워줄 수 있는 공간을 사람의 사랑으로 채우려고 했다. 그 결과, 내 마음은 비교의식과 시기질투, 음란한 생각과 죄, 걱정과 근심에 빠지기 시작했다. 하나님에 대한 꿈을 잃어갈 뿐만 아니라 하나님의 음성마저 희미해져 갔다. 그런데 남자친구를 만난지 2년째 되는 2019년 여름, 하나님은 나를 유럽 노르웨이의 펠 이바 목사님에게 보내셨다. 이것은 내가 부모님을 만난 것 이후로, 가장 큰 만남의 축복이었다.

푸른 동산이 넘치는 노르웨이에서 펠 목사님은 아침과 저녁마다 성령님이 임재하시는 예배를 인도하셨다. 함께 간 남자 친구는 예배가 너무 길다며 복도에 나가 핸드폰을 만지작거렸지만, 나는 그 예배의 시간 가운데 죽어가던 나의 영이 다시 살아나는 것을 느끼기 시작했다. 새 방언과 노래가 터지고, 하나님의 음성이 명확하게 들리기 시작했다. 어느새 나는 충만한 주님의 임재 앞에 뜨거운 회개의 눈물이 터지기 시작했다. 주님을 떠난 나의 죄를 깨닫고 회개할 때, 주님은 다시금 나의 마음의 주인이 되어주기 시작하셨다.

그렇게 하나님께서 인도하신 선교 여행 가운데, 나는 새 생명수 되시는 예수님을 다시 체험했고, 나의 삶은 하나씩 변화되었다. 나는 예배 가운데 느낀 기쁨과 자유, 그리고 평안과 희락을 다시는 잃고 싶지 않았다. 선교 여행에서 돌아온 후에도

예배와 말씀과 기도의 삶을 쉬지 않았다. 마지막 남은 대학교 4학년 동안 매일 아침과 저녁마다 한 시간씩 말씀과 기도의 삶을 지키려고 몸부림을 쳤다. 그렇게 이룬 예배의 회복은 놀랍게 몇 주 만에 내가 힘들어하던 모든 죄의 문제도 해결해 주었고, 나의 삶의 우선순위를 재정돈해 주었다. 이것은 성령님이 하신 일이다.

그렇게 하나님과의 영적인 관계가 회복되자, 나의 눈에는 사람도 영적으로 보이기 시작했다. 내가 너무 사랑하는 남자친구지만, 그에게는 아직 하나님을 알아가고 싶어 하는 마음이 조금도 없다는 것을 성령님은 나에게 조명하셨다. 그 마음은 내가 아무리 노력한다 할지라도 사람의 힘으로는 부어줄 수 없다는 것도 알게 하셨다. 그래서 남자친구와 교제한 마지막 1년 반 동안, 아브라함이 가장 사랑하는 이삭을 모리아 산에 바친 것처럼 하나님께서는 나에게 내려놓음의 훈련을 시키셨다. 이것은 내 생애 가장 고통스러운 내려놓음의 시간이었다.

"하나님! 하나님은 다 하실 수 있잖아요! 그냥 하나님이 하나님의 뜻대로 이 사람을 바꿔주세요! 저와 같이 하나님의 일을 할 수 있도록, 하나님을 알아가고 싶어 하는 마음을 주세요! 하나님을 사랑하게 해주세요! 제발요!"

아브라함이 이삭을 제단에 바친 것과 같이, 남자친구의 믿음을 키우고자 한 나의 모든 노력을 끊는 것이란 하나님께서 내가 가장 사랑하는 사람을 나에게서 거둬갈 수도 있다는 사실을 인정하는 것이었다. 하나님의 주권을 신뢰하는 것이란 결코 쉽지 않았다. 하지만, 성령님의 임재가 거하는 예배 안에는 하나님의 사랑과 그 사랑에 대한 확신이 채워진다. 그렇게 나는 예배 안에서 6개월 만에 사랑하는 사람을 하나님의 손에 완전히 내려놓게 되었다.

하나님은 나만을 위해 이 순종을 요구하지 않으셨다. 3년 반의 연애에 종지부를 찍는 것은 나만 참된 예배자로 세워준 것이 아니었다. 전 남자친구 역시 180도 변화시켰다. 이별 직후, 그는 뜨거운 회개의 눈물을 쏟았고, 고통 속 기도하며 주님을 찾았다. 이 세상의 그 어떤 만남보다 가장 귀한 주님과의 만남을 통해, 그는 현재 미국의 큰 한인 교회에서 청년부 회장으로

활발하게 활동 중이며, 앞으로는 신학을 공부해서 말씀 사역자가 되는 것이 그의 비전이 되었다. 할렐루야!

교회의 많은 청년들은 나에게 하나님을 믿는 기독교인으로서 어떻게 연애를 해야 하는지 묻는다. 솔직히 말해, 이성교제란 굉장히 호기심이 가득한 이야기다. 연애는 언제 해야 하고, 얼마 동안 해야 하며, 애인을 고를 때의 기준이 무엇인지, 그리고 스킨십은 어느 선까지 용납해야 하는 등, 연애에 대해 궁금한 것이 한두 가지가 아니다. 이 같은 질문들에 답하는 크리스천 서적은 아마 수만 권은 훌쩍 넘을 것이다. 하지만, 내가 깨달은 건강한 '크리스천 이성교제'의 절대적인 조건은 딱 한 가지 밖에 존재하지 않는다. 그것은 가장 먼저, 예배자가 되는 것이다. 하지만, 많은 크리스천들은 예배를 과소평가한다.

'예배는 너무 지루해.'

'예배하는 시간이 너무 아까워.'

그들이 이 같이 말하는 까닭은 진정한 예배를 드려본 적이 없기 때문이다.

> "아버지께 참되게 예배하는 자들은 영과 진리로
> 예배할 때가 오나니 곧 이 때라 아버지께서는 자기에게
> 이렇게 예배하는 자들을 찾으시느니라."
>
> (요 4:23)

참된 예배는 성령님의 감동하심이 있다. 예배는 나의 죄를 깨닫게 해주고, 죄를 이겨낼 수 있는 힘을 준다. 상한 마음을 위로하고, 하나님의 생각과 뜻을 말해주는 성령님의 감동하심이 있다. 또한, 참된 예배는 진리가 되신 예수님의 말씀이 있다. 예배는 선포되는 말씀을 통해 나의 지정의를 하나님의 기준으로 재평가하는 시간이다. 나의 지정의가 하나님 외에 다른 우상을 섬기고 있는가? 하나님 외에 신뢰하는 물질 혹은 사람이 있는가?

> "하나님의 말씀은 살아 있고 활력이 있어
> 좌우에 날선 어떤 검보다도 예리하여 혼과 영과 및
> 관절과 골수를 찔러 쪼개기까지 하며
> 또 마음의 생각과 뜻을 판단하나니."
> (히 4:12)

참된 예배 안에는 성령님만이 주실 수 있는 진정한 회복이 있다.

> "주 여호와의 영이 내게 내리셨으니 이는 여호와께서
> 내게 기름을 부으사 가난한 자에게 아름다운 소식을
> 전하게 하려 하심이라 나를 보내사 마음이 상한 자를 고치며,
> 포로된 자에게 자유를, 갇힌 자에게 놓임을 선포하며."
> (사 61:1)

예배 안에는 가난한 자들이 아름다운 소식을 듣고 마음이 상한 자들이 치유 받고, 포로된 자들이 자유케 되며, 갇힌 자들이 놓임을 누린다. 쉽게 말해, 예배 안에는 진정한 회복이 있는 것이다. 회복되지 않은 상태에서는 어떤 물질도, 사람도, 조직도 하나님의 뜻대로 아름답게 가꾸어 갈 수 없다. 이성교제도 마찬가지다. 마음의 상처와 세상의 가치관으로 가득 차 있는 상태에서 누군가와 이성적으로 교제하게 된다면, 이 교제는 나를 하나님으로부터 멀어지게 할 것이 분명하다. 하나님의 사랑으로 채워지지 않은 상태에서 누군가와 이성적으로 교제하게 된다면, 이 교제는 나를 시기와 질투, 음란한 생각과 죄, 낙심과 근심에 빠지게 할 것이다. 매일 말씀과 기도의 생활이 세워지지 않은 상태에서 누군가와 이성적으로 교제하게 된다면, 이 교제는 내가 꿈꿔 왔던 하나님의 나라에 대한 비전을 잃게 할 것이다. 이 말은 분명한 사실이다.

아직 연애를 한 번도 하지 못했다고 해서 불안해하지 말라. 솔직히 말해, 이성교제를 했다고 그 사람과 반드시 결혼하는 것도 아니다. 또, 이성교제를 많이 했다고 결혼을 잘하는 것도 아니다. 모든 사람의 궁극적인 목표는 이성교제가 아닌 결혼이다. 우리가 성공하고 싶은 것이 결혼이라면, 우리는 모든 만남의 주관자가 되시는 하나님을 먼저 만나야 한다. 현재, 내 미래 배우자의 이름, 나이, 외모, 가족, 취미, 심지어 앞으로의 꿈과 계획을 아시는 분은 오직 하나님 한 분이시다. 만남의 시작은 하나님의 주권에 달려 있다. 그러므로 우리는 결혼이든 사업이든 나의 모든 일을 믿음으로 하나님께 맡겨야 한다.

> "너의 행사를 여호와께 맡기라
> 그리하면 네가 경영하는 것이 이루어지리라."
>
> (잠 16:3)

연애가 무너지고 있다고 불안하지 말라. 교제하는 친구와의 만남을 통해 하나님과 멀어졌는가? 말씀과 기도의 생활이 뒷전이 되었는가? 음란한 죄를 짓고 거룩성을 타협하고 있는가? 하나님이 주신 꿈과 비전이 희미해지고 있는가? 만약 지금 그렇게 느낀다면, 그 양심은 당신 속에 계시는 성령님의 음성이다. 지금도 성령님은 당신을 예배의 자리로 부르시고, 당신에게 완전한 회복을 주기를 원하신다. 우리는 말씀과 예배를 통해, 성령님께서 찌르시는 우리의 양심과 감정, 그리고 스쳐가는 모든 음성에 민감하게 반응해야 한다. 성령님께 반응하지 않는다면, 우리는 끊이지 않는 죄의 쳇바퀴에 갇힐 수밖에 없다. 죄의 쳇바퀴는 결국 사망이요, 평생을 무덤 속에 사는 것과 동일하다. 이것이야말로, 지옥 같은 삶이다.

> "죄의 삯은 사망이요 하나님의 은사는
> 그리스도 예수 우리 주 안에 있는 영생이니라."
>
> (롬 6:23)

하나님 외에 1순위가 생기는 순간부터 우리는 낮은 자존감, 불안감, 시기와 질투, 걱정근심, 도적질, 살인, 간음, 불평불만 등 온갖 죄를 짓는다. 연애할 때도 마찬가지다. 그래서 하나님은 그분의 음성에 반응하지 않는 자들을 건지시기 위해, 때때로 이별을 요구하신다. 물론, 모든 커플은 눈에 보이는 서로의 단점 때문에 이별을 택하게 된 것이라고 생각하지만, 그것 역시 하나님께서 허락하시고 주관하신 것이다. 왜냐? 사망으로부터 우리를 건져내는 것이 하나님께 가장 중요하기 때문이다.

이별의 고통을 겪지 않는 방법이 있을까? 당연히 있다. 이별을 아예 하지 않아서 그 고통을 겪지 않을 수도 있지만, 이별을 할지라도 그 고통을 겪지 않는 방법이 있다. 그것은 내가 그 사람보다 하나님을 더 사랑하면 된다. 쉽게 말해, 나의 1순위가 하나님이 되는 것이다. 하나님이 나의 1순위가 되었을 때 결혼이든 이별이든 그것이 하나님의 뜻임을 인정하고 상처를 받지 않고 서로를 응원해 줄 수 있다. 예수님이 중심된 이성교제는 죄를 멀리하고, 각자의 꿈이 성장되고, 무엇보다도 이별을 겪는다 해도 모든 것을 합력케 하여 선을 이루실 하나님에 대한 믿음이 공존한다. 다음은 2019년 여름, 하나님께서 나에게 기도 중 환상으로 보여주신 이성교제의 원리다. 하나님과 나, 그리고 내가 사랑하는 사람은 바로 이런 관계가 되어야 한다.

"우리가 알거니와 하나님을 사랑하는 자 곧
그의 뜻대로 부르심을 입은 자들에게는
모든 것이 합력하여 선을 이루느니라."

(롬 8:28)

반드시 기억하면 좋겠다. 태초부터 하나님께서 나를 위해 예비하신 배우자는 딱 한 명이다. 따라서 이별은 내가 부족하거나 기준에 미치지 못해서 겪는 것이 아니라, 하나님께서 나를 원래의 자리로 돌려보내시기 위함이다. 이별의 아픔을 극복하기 위해서는 이 같은 하나님의 선하신 뜻을 믿어야 한다.

나는 남자친구와 이별한 지 3주째, 그에게 문자 한 통을 받았다.

"메리, 너와 헤어지는 과정 속에서, 지난 3년 반 동안 내가 하나님보다 너를 더 사랑했다는 것을 깨달았어. 비록 이별이라는 게 처음에는 너무 힘들었지만, 지금 생각해보면 나는 이별을 통해 주님을 만났어. 그래서 이제는 정말 감사해."

이별을 통해, 하나님께서는 그에게 '메리'와의 만남보다 백배 더 귀한 '주님'과의 만남을 알게 하셨다. 주님은 어떤 분이신가? 주님은 우리를 가장 잘 아시는 창조주시다. 창조주 주님과의 만남은 그 누구와의 만남과도 비교할 수 없는 최고의 만남이다. 주님과의 만남은 전부를 팔아서라도 사고픈 밭에 감추인 보화 같은 것이다.

> "천국은 마치 밭에 감추인 보화와 같으니
> 사람이 이를 발견한 후 숨겨 두고 기뻐하며 돌아가서
> 자기의 소유를 다 팔아 그 밭을 사느니라."
>
> (마 13:44)

내가 3년 반의 연애에 종지부를 찍은 것은 여러 가지 이유가 존재했지만, 그중 가장 중요한 이유는 내 속의 하나님의 나라에 대한 갈망이었다. 대학을 졸업한 후, 나의 꿈은 한국으로 돌아와 전 세계를 향해 선교하는 것이었고, 전 남자친구의 꿈은 미국에 남아서 소소하게 행복한 가정을 꾸리는 것이었다. 물론, 내가 행복한 가정을 꾸리기를 원하지 않은 것은 아니었다. 하지만, 나에게 인생은 그것이 전부가 될 수는 없었다. 나에게

는 가정 이상의 사명이 있었고, 그 사명을 잃은 삶은 나에게 죽은 삶과 같았다. 그래서 이별을 택할지라도, 나는 나에게 가장 큰 만족감을 주는 하나님의 나라에 대한 사명을 잃고 싶지 않았다. 이것은 나의 인간적인 욕망이 아닌, 성령님께서 주시는 부르심이었다.

사명을 지키기 위해 선택한 남자친구와의 이별 후, 나는 스스로 굳게 다짐했다.

'앞으로는 내 비전을 담을 수 있는 사람을 만나자. 내 비전에 함께 동역해 줄 수 있는 사람을 만나자. 그러려면, 꼭 준비된 사람을 만나자. 옆에서 성경을 건네주지 않아도 성경을 읽는 사람, 옆에서 격려해주지 않아도 자존감이 높은 사람, 옆에서 중보하지 않아도 스스로 기도하는 사람, 꼭 준비된 사람을 만나자.'

나는 그 다짐을 지킬 것이고, 이 다짐이야말로 절대 흔들리지 않을 것을 확신했다. 하지만, 나의 다짐은 얼마 가지 않아 흔들리기 시작했다.

내 앞에 새로운 사람이 나타났다.

chapter 05

♥

가장 힘든 지정의, 나의 감정을 죽이다

가장 힘든 지점의, 나의 감정을 죽이다

전 남자친구와의 이별 후, 내 앞에 새로운 사람이 나타났다. 내가 하나님의 뜻인 에녹 오빠를 받아들이는 데 가장 힘들었던 마지막 요소였다.

• **독립된 감정**

내 앞에 나타난 새로운 사람은 전 남자친구가 부족했던 모든 것을 가지고 있었다. 말하지 않아도 스스로 말씀을 읽었고, 시키지 않아도 스스로 기도했다. 내가 기뻐하면 같이 기뻐하고, 내가 꿈을 꾸면 같이 꿈을 꿨다. 성격 유형과 대화 코드는 물론, 하나님에 대한 열정을 이 같이 공유하는 사람은 처음이었다. 물론 이성적으로 만날 생각은 아직 없었지만, 미래의 배우자가 될 수도 있겠다고 스스로 생각했다.

우리는 함께 시간을 보낼수록 가까워졌고, 어느 날 그 사람의 당당한 고백과 함께 나는 그 사람이 '배우자가 될 수도 있겠다'라는 마음이 '배우자가 되었으면 좋겠다'라는 마음으로 바뀌기 시작했다.

　나는 그 마음이 머리로 깨달아졌을 때, 바로 엄마에게 말했다. 이것은 내가 어렸을 때부터 지켜오던 나만의 규칙이다. 세상을 살면서, 적어도 한 명에게는 내 모든 것을 공유하자는 규칙이다. 어렸을 때부터 지금까지, 아무리 수치스럽고 부끄러운 일일지라도 늘 엄마에게 모든 것을 말해왔었다. 그것을 가능케 한 것은 내가 엄마를 나의 부모로 생각하기 이전에 영적 리더로 생각했기 때문이었다. 그리고 엄마는 그런 나의 연약한 허물을 사랑으로 덮어주고 지혜롭게 지도해주었다. 엄마는 언제나 나에게 '작은 예수'였다.

　그날, 나는 여느 때와 같이 엄마에게 나의 모든 사정을 솔직하게 말했다. 내가 그 사람을 좋아하는 이유, 그 사람이 나의 미래 배우자가 될 수 있는 이유, 그리고 그 사람이 내 비전과

동행할 수 있는 이유까지 말이다. 하지만, 엄마의 반응은 나의 예상과는 사뭇 달랐다.

"엄마는 아니야."

"뭐가 아니야?"

"엄마는 그 사람이 아닌 것 같아, 하나님께 묻고 더 기도해 보자."

늘 엄마의 말에 즉각적으로 순종했던 나는 처음으로 의심이 들었다. '아니야, 엄마가 틀릴지도 몰라.' 나의 독립된 지정의는 영적 리더를 통한 하나님의 음성을 듣고 싶지 않았다. 하지만, 그런 나를 하나님은 포기하지 않으셨다.

"너희 안에서 착한 일을 시작하신 이가
그리스도 예수의 날까지 이루실 줄을 우리는 확신하노라."

(빌 1:6)

하나님은 내가 가장 사모하는 말씀을 가르치는 사역을 통해 나의 독립된 지정의에 대한 경각심을 깨우기 시작하셨다. 말씀을 전할 때는 말할 수 없는 기쁨을 느끼다가도 강단에서 내려오는 순간부터 두려움이 밀려오기 시작했다.

'오늘도 성령님이 도우셔서 말씀에 능력이 임한 거야.'

'그런데 하나님의 뜻이 아닌 걸 쫓으면, 성령님의 능력이 날

떠날 수밖에 없겠지?'

'성령님이 일하고 싶으셔도 하실 수가 없겠지?'

'나는 영혼들에게 말씀을 전하는 것이 너무 행복한데, 이대로라면 다 잃을 수밖에 없겠지?'

결국 나를 살린 것은 하나님께서 나에게 주신 사역이었다. 사역의 자리 가운데 나는 나의 독립된 지정의에 대한 경각심을 느끼기 시작했고, 이 경각심을 가장 크게 느낀 장소는 바로 사랑제일교회 11시 주일예배였다.

나는 사랑제일교회에서 11시 주일예배마다 통역으로 섬기고 있다. 통역은 절대 나의 힘과 실력으로 하는 것이 아니다. 지식만 공유하는 세상의 통역은 실력만으로도 가능하지만, 하나님의 감동으로 된 말씀을 통역하는 것은 성령님의 임재가 요구된다. 성령님은 누구에게 나타나시는가? 성령님은 주님께 완전히 항복한 자에게 나타나신다. 완전한 항복은 완전한 충만함을 가져온다.

> "우리가 항상 예수의 죽음을 몸에 짊어짐은
> 예수의 생명이 또한 우리 몸에 나타나게 하려 함이라."
>
> (고후 4:10)

사랑제일교회 주일예배 순서는 복음성가 메들리로 시작된다. 메들리의 순서는 다음과 같다.

두 손 들고 찬양합니다

아버지 사랑합니다

성령이여 우리게

나 주님의 기쁨 되기 원하네

내 마음에 주를 향한 사랑이

찬양과 대표기도가 끝난 후, 나는 전광훈 목사님과 함께 강단에 올라가 두 시간 동안 설교를 통역한다. 긴 시간 동안 통역을 하다 보면, 어느새 두 팔과 다리는 후들거리고, 설교가 빨리 끝났으면 좋겠다는 생각이 들기도 한다. 주일마다 두 시간의 통역을 위해 나는 성령님께 도와 달라고 기도할 수밖에 없었고, 설교 전에 부르는 이 복음성가 메들리는 나에게 성령님의 도우심을 구할 수 있는 시간을 마련해 주었다.

"하나님, 아시잖아요."

"제가 여기에 서 있는 건 다 하나님을 위한 것이에요!"

"그러니까 저를 꼭 도와주세요."

"저는 성령님 없이는 절대 할 수가 없어요! 오늘도 저를 책임져 주세요."

이 같은 기도를 드릴 때마다, 하나님께서는 늘 부드러운 음성으로 나에게 이 같이 대답하셨다.

"내가 나의 영을 너에게서 영원히 거두지 않을 거란다. 그러니, 자유하라!"

기도로 구하면 항상 약속의 말씀을 심어주시던 하나님이었는데, 어느 순간부터 하나님께서는 통역보다 그분께 더 중요한 다른 것을 지목하기 시작하셨다.

나의 독립된 지정의를 지목하기 시작한 것이었다.

chapter 06

♥

나는 너에게
더 많은 것을 부어주고
싶단다

나는 너에게 더 많은 것을 부어주고 싶단다

"메리."

"네, 하나님?"

"나는 너에게 더 많은 것을 부어주고 싶단다."

나는 이 말의 의도가 무엇인지 정확하게 알고 있었다. 하나님의 뜻보다 독립된 감정을 쫓고 있었던 나는 어느새 통역하는 것이 힘들어지기 시작했다. 이전처럼 성령님을 전달하는 것이 아니라, 단순히 말을 언어적으로 조립하는 것 같았다. 살아 숨 쉬던 통역이 죽어가는 것 같았고, 이것은 나에게 너무 괴롭고 슬픈 일이었다. 나의 슬픔과 괴로움의 이유는 하나님의 능력이 거두어짐이 아니라, 나의 독립된 지정의를 하나님보다 사랑하고 있는 나의 모습 때문이었다.

성령님은 하나님의 뜻을 아시고 행하시는 분이다. 그래서 하나님의 뜻보다 나의 독립된 감정을 선택한 순간, 나는 내 속에서 일하시는 성령님을 동일하게 부인한 것이다.

> "마음을 살피시는 이가 성령의 생각을 아시나니
> 이는 성령이 하나님의 뜻대로 성도를 위하여 간구하심이니라."
> (롬 8:27)

성령 하나님은 성부 하나님의 뜻을 사랑하시고, 그 뜻을 이루어가는 것이 그분의 사역이자 능력의 원동력과 이유다. 그래서 하나님의 뜻에 순종하지 않는 자들에게는 성령님이 원하셔도 그분의 능력을 나타내실 수가 없는 것이다. 이것은 그분의 성격이시다.

24살의 나는 이미 성령님을 인격적으로 만난 사람이었다. 나는 초등학교부터 은사를 부어주신 것도 성령님, 지금까지의 은사를 나타내신 것도 성령님, 그리고 주신 은사를 가장 기뻐하시는 것도 성령님이심을 잘 알고 있었다. 하지만, 하나님의 뜻으로부터 독립된 나의 지정의 앞에 성령님은 그분의 능력을 나에게서 거둘 수밖에 없으셨고, 나는 그분의 슬프고 안타까운 탄식을 통역하는 강대상 위에서 느끼기 시작했다. 나를 가장 사랑하시는 분이 나로 인해 슬퍼하는 탄식을 느꼈을 때, 나의 마음은 찢어지게 아팠고, 그분을 사랑한다면서도 전혀 바뀌지 않는 나의 모습이 죽을 듯 고통스러웠다. 하지만 강대상 위에서 느낀 그 고통이야말로, 나에게 독립된 지정의를 굴복시켜야 할 이유를 처음으로 발견하게 해주었다. '하나님을 사랑하니까.' 내 안에 하나님을 사랑하는 마음이 나의 독립된 지정의와 싸워야 하는 이유를 준 것이다.

　하지만, 하나님을 사랑하는 마음만으로는 독립된 지정의를 죽일 수가 없다. 주일예배 설교를 통역할 때, 내 눈 앞에 몇 백 명의 성도님들이 앉아 계신다. 성도님들은 전국각지에서 몇 시간씩 일찍 오셔서 기도로 예배를 준비하시고, 초롱초롱한 눈으로 말씀을 선포하시는 목사님으로부터 두 시간 내내 눈을 떼지 않으신다. 그리고 성령님은 그런 영혼들을 강대상에서 바라보는 나에게 이 같은 말씀을 하기 시작하셨다.

"보라, 네가 섬길 영혼들이란다. 심히 아름답지 않느냐!"

"네!"

"그런데 메리야."

"네?"

"이 같은 영혼들이 얼마나 더 많은지!"

나의 독립된 지정의는 하나님뿐만 아니라, 또 영혼을 사랑하는 나에게 심히 고통스러운 것이었다. 영혼구원을 위한 은사를 나에게 주셨는데도 그것을 소멸시키고 있는 나의 독립된 지정의는 나에게 너무나 괴로운 것이었다. 이 같이 성령님은 내 안에 하나님에 대한 사랑뿐만 아니라, 영혼에 대한 사랑을 강하게 격동시키셨다.

> "예수께서 이르시되 네 마음을 다하고 목숨을 다하고
> 뜻을 다하여 주 너의 하나님을 사랑하라 하셨으니
> 이것이 크고 첫째 되는 계명이요 둘째도 그와 같으니
> 네 이웃을 네 자신 같이 사랑하라 하셨으니."
>
> (마 22:37-39)

날마다 예배와 말씀과 기도를 쉬지 않는 나에게, 하나님께서는 내 속에 그분에 대한 사랑과 영혼에 대한 사랑을 넘치도록 키워가기 시작하셨다. 문제를 해결 받고 싶은가? 독립된 지정

의를 내려놓고 싶은가? 포기하지 말고, 날마다 성령님이 임재하시는 예배 안에 머물러라. 이것이 독립된 지정의를 반납하고, 광야의 길을 단축시키는 가장 큰 비결이다. 문제의 해답은 우리에게 있지 않다. 문제의 해답은 예배와 말씀과 기도의 시간 속에 역사하시는 성령님께 있다. 그러므로 우리는 그분이 우리에게 말씀하실 수 있는 시간을 많이 내어 드려야 한다. 육신을 쳐서 예배의 자리로 나가야 한다. 예배만이 하나님의 뜻을 나의 삶 가운데 조명할 수가 있다.

예배 가운데 성령님은 내 속에서 바쁘게 일하셨다. 성령님은 나의 영이 하나님을 더 사랑하고 영혼을 더 사랑하도록, 그분의 마음을 공유하시고 깨닫게 하셨다. 성령님은 자책하는 나를 사랑하시고 위로하시며 격려하셨다. 우리의 영적인 연료는 하나님의 사랑이다.

"그러나 이 모든 일에 우리를 사랑하시는 이로 말미암아
우리가 넉넉히 이기느니라."

(롬 8:37)

결국, 하나님의 사랑은 나에게 독립된 감정을 내려놓는 힘을 주었다. 그러나 이것은 절대 쉽지 않았다. 나는 하나님께 소리를 지르며 원망하기도 했고, 하나님이 밉다며 그분께 상처의 말을 얼마나 많이 한지 모른다.

"God, why me! 하나님, 왜 저한테만 이러세요!"

"비전이 크다고 해서, 저에게 이렇게까지 하셔야 하나요?"

하지만, 예배가 모든 문제의 해답임을 어렸을 때부터 엄마에게 가르침을 받은 나는 예배를 멀리 할 수 없었고, 결국 그 예배는 나에게 새 힘을 주기 시작했다. 그리고 그 힘을 어느 정도 얻었을 때, 성령님은 즉시 나에게 순종을 요구하셨다.

"오늘 당장 그 사람에게 말하렴."

성령님은 순종하는 자에게 계속 말씀하시고 가르치신다. 그러므로 순종은 그 무엇보다도 중요하다.

"사무엘이 이르되 여호와께서 번제와 다른 제사를
그의 목소리를 청종하는 것을 좋아하심 같이 좋아하시겠나이까
순종이 제사보다 낫고 듣는 것이 숫양의 기름보다 나으니."

(삼상 15:22)

나는 즉시 순종했다. 성령님께서 말씀하신 그날, 나는 그 사람에게 이 만남은 하나님의 뜻이 아니라는 것을, 또 우리 각자에게는 하나님께서 태초부터 예비하신 더 완전한 짝이 있다는 것을 분명하게 전달했다. 물론, 그 사람에게도 이 뜻을 받아들이기란 쉬운 것은 아니었다. 그는 분개하며 나를 원망했다.

"넌 어떻게 사람을 그렇게 매몰차게 끊어낼 수가 있어? 넌 사

람도 아니야."

하지만, 원망의 말을 퍼붓는 그에게 나는 아무 말도 할 수가 없었다. 그가 한 말이 모두 사실이었기 때문이다. 그를 좋아하기로 선택한 것도 나였고, 그를 단칼에 끊어내기로 선택한 것도 나였기 때문이다. 그때 나는 깨달았다. '나는 죄인이구나.' 그때 나는 내 안에는 그 어떤 선(善)도 행할 수 없음을 처절히 깨달았고, 내가 할 수 있는 유일한 것은 모든 상황의 완전한 해결자 되시는 하나님께 기도하는 것뿐이었다.

"하나님, 제가 이렇게 못됐어요. 그 사람에게도 못됐고, 하나님에게도 못됐어요. 저는 그 어떤 문제도 해결하지 못하는 죄인이에요. 그렇기 때문에 제가 할 수 있는 것은 하나님을 의지하는 것밖에 없어요. 하나님, 그 사람이 하나님의 뜻을 동일하게 깨달을 수 있도록 도와주세요. 그리고 무엇보다, 그 사람의 상처 받은 마음을 위로하시고, 그 사람을 꼭 하나님의 나라를 위해 놀랍게 사용해주세요."

많은 사람들은 연민의 감정 때문에 하나님의 뜻이 아닌 이성교제를 끊어내지 못한다. 하지만 솔직하게 표현한다면, 감정은 그 누구와도 생길 수가 있다. 결혼 후의 삶은 풀무 불의 시간이요, 연단의 시간이다. 사귈 때 좋아하는 감정만으로는 이 시간을 결단코 견딜 수 없다. 태초부터 예비 된 나의 짝을 만나는데 가장 중요한 것은 설렘의 감정보다 하나님의 뜻을 선택하는 순종이다. 지금도 하나님은 우리의 양심을 통해, 혹은 영적인 리더를 통해 우리에게 그분의 뜻을 조명하고 계신다. 물론, 그 뜻을 받아들이는 것은 결코 쉬운 일이 아니다. 그 안에는 반드시 지정의의 죽음이 요구된다. 하지만 우리의 공허한 마음을 예배 안에서 하나님의 사랑으로 충만히 채워갈 때, 하나님은 그분의 뜻에 순종할 수 있는 힘도 우리에게 주신다. 이것이 은혜다.

"우리는 하나님의 뜻이 아니야."

그 사람에게도 이 말을 받아들이는 데까지 지정의의 죽음이 요구되었다. 하지만 말씀과 기도와 예배를 쉬지 않는 그 영혼도 성령님이 붙잡아주시고 역사하셨다. 성령님의 음성에 즉각적으로 순종한 나는 지정의를 완전히 죽임으로써 나의 모든 감정, 생각, 그리고 의지까지 십자가에 철저히 못 박았다.

> "내가 그리스도와 함께 십자가에 못 박혔나니
> 그런즉 이제는 내가 사는 것이 아니요 오직 내 안에
> 그리스도께서 사시는 것이라 이제 내가 육체 가운데
> 사는 것은 나를 사랑하사 나를 위하여 자기 자신을 버리신
> 하나님의 아들을 믿는 믿음 안에서 사는 것이라."
> (갈 2:20)

이것은 완전한 죽음이었다. 내가 죽은 것은 나의 그 어떤 유

익을 위해서도 아니었다. 그렇다고 두 달이면 만날 에녹 오빠를 위한 것도 아니었다. 내가 죽은 것은 오직 하나님의 뜻에 대한 갈망과 놀랍게도 내가 끊어낸 그 사람의 미래를 위한 것이었다.

내가 한창 감정을 끊어내던 중에, 엄마는 새벽에 꾼 꿈을 나에게 말씀하셨다.

"메리야, 네가 지금 그 사람에 대한 감정을 어떻게 다루고 있는지 모르지만, 오늘 엄마가 꿈을 꿨어."

"무슨 꿈?"

"그 사람이 하늘을 날려고 하는데, 너와 연결된 실타래 때문에 날지 못한다고 말씀하셨어. 그리고 그 실타래는 그 사람을 위해서 네가 끊어야 한다고 말씀하셨어."

나는 엄마의 꿈을 들은 그 순간, 나 때문에 한 영혼이 하나님의 비전을 이루지 못할 수도 있다는 사실에 즉시 그 자리에서 마지막으로 남아있던 감정의 끈을 완전히 끊을 수 있었다. 한 영혼이 하나님의 비전을 이루어가는 모습을 가장 기뻐하는 나에게, 그 한 영혼이 나로 인해 날아오르지 못한다는 사실은 나에게 큰 충격이었다. 하나님은 나의 성격과 기질을 잘 아셨고, 나의 성격과 기질대로 나에게 말씀하신 것이었다.

그렇게 나는 두 달 동안 싸워왔던 독립된 지정의를 하나님께 온전히 드렸다. 나는 며칠 동안 감사와 기쁨의 눈물 밖에 나오지 않았고, 다시 한 번 굳게 다짐을 했다.

'이제는 몇 년 동안 누구도 좋아하지 않겠어. 이제는 정말 하나님과 나, 단 둘이서만 보내고 싶어!!!'

그런데, 하나님의 생각은 달랐다.

chapter 07

♥

하나님이 원하신다면, 결혼할게요

하나님이 원하신다면, 결혼할게요

나의 독립된 지정의를 죽이는데 가장 큰 영향을 끼친 사람은 엄마다. 하지만, 엄마 못지않게 나에게 큰 영향을 끼친 사람은 바로 전광훈 목사님이셨다.

전 남자친구와 헤어지는 과정도 새로운 사람을 끊어내는 과정도, 나는 단 한 번도 목사님께 이에 대한 말을 한 적이 없다. 그런데 내가 독립된 감정을 끊어내기 가장 힘들었을 때, 목사님은 '지정의를 반납해야 한다'는 설교를 두 주간이나 하셨다. 그런데 놀라운 것은 당시 목사님의 말씀은 나에게 부담과 강요가 아닌 능력과 약속으로 와 닿았다.

'그래! 내가 힘들어하고 있는 이유가 내 지정의가 하나님으로부터 독립되어 있었기 때문이구나!'

목사님의 설교를 통해, 나는 처음으로 나의 불순종이 나의 독립된 지정의 때문임을 깨달았다. 이 같이 강대상에서 선포되는 하나님의 말씀은 너무나도 귀하다. 하나님의 말씀은 우리에게 깨달음을 주고, 그 깨달음은 우리의 삶을 변화시키며, 그 변화는 우리에게 능력을 안겨다 준다.

> "모든 성경은 하나님의 감동으로 된 것으로
> 교훈과 책망과 바르게 함과 의로 교육하기에 유익하니
> 이는 하나님의 사람으로 온전하게 하며
> 모든 선한 일을 행할 능력을 갖추게 하려 함이라."
> (딤후 3:16-17)

지정의가 독립되어 있을 때는 귀에 들리지도 않던 에녹 오빠가 독립된 지정의를 하나님께 반납한 순간부터 나의 마음에도 조금씩 울리기 시작했다.

하지만 이 울림은 나에게 설렘이 아닌 슬픔이었다. 독립된 감정을 하나님께 드린 지 2주가 되던 7월의 둘째 주일 저녁, 나는 잠들기 전에 방문을 꼭 잠그고 침상 위에서 무릎을 꿇고 하나님께 기도를 드렸다.

"하나님, 저 사실 두려워요."

"한 번도 만나보지 못한 사람이고, 외모며 성격이며 아무것도 몰라요. 서로가 서로를 좋아하지 않을 수도 있어요."

"그런데요, 하나님."

"하나님이 원하신다면, 결혼할게요."

하나님이 원하신다면 결혼하겠다는 나의 결단은 마치 겟세마네 동산에서의 예수님처럼, 하나님께 나의 전부를 드리겠다는 고백이었다. 내가 에녹 오빠의 이상형이 아니어서 남편으로부터 일생 동안 사랑을 받지 못한다 해도, 나는 하나님을 사랑하기 때문에 그와 결혼을 하겠다는 고백이었다. 그날 밤, 나는 한 시간을 울고서야 잠에 들었다.

"이르시되 아빠 아버지여 아버지께는 모든 것이 가능하오니 이 잔을 내게서 옮기시옵소서 그러나 나의 원대로 마시옵고 아버지의 원대로 하옵소서 하시고."

(막 14:36)

그렇게 나는 두 주간, 기쁨보다는 체념에 가까운 마음으로 기도했다. 지정의를 반납하고 하나님께 돌아온 것이 너무 행복했지만, 지정의를 반납한 나에게 왜 이리도 어려운 것을 매번 요구하시는지 하나님이 원망스럽기도 했다. 그래서 어느 날, 하나님께 솔직하게 물어봤다.

"하나님, 제가 하나님을 얼마나 사랑하는지 아시죠?"

"그럼."

"근데 왜 저한테만 그러세요?"

(…)

"제 친구들은 자연스럽게 사랑하고 자연스럽게 결혼하는데, 왜 저한테만 그러세요? 저한테 결혼이 얼마나 소중한지 아시잖아요."

서운함이 가득한 목소리로 기도하는 나에게 하나님은 나의 인생을 바꿔놓을 말씀을 하셨다.

"너에게 소중하니까."

하나님께서 나의 결혼에 이 같이 개입하신 것은 나에게 소중한 결혼이 하나님에게도 소중하기 때문이었다. 사랑하는 자녀가 소중하게 여기는 것을 하나님 아버지도 동일하게 소중히 여기고 계셨던 것이다. 나는 이것을 깨달은 후, 마음의 모든 슬픔이 기쁨으로 바뀌기 시작했다.

> "무릇 시온에서 슬퍼하는 자에게 화관을 주어
> 그 재를 대신하며 기쁨의 기름으로 그 슬픔을 대신하며
> 찬송의 옷으로 그 근심을 대신하시고 그들이 의의 나무
> 곧 여호와께서 심으신 그 영광을 나타낼 자라 일컬음을
> 받게 하려 하심이라."
>
> (사 61:3)

하나님의 음성을 들은 다음날 새벽 여느날과 같이 에녹 오빠

를 위해서 기도를 하는데, 이전에는 상상도 못했을 설렘이라는 감정이 생기기 시작했다. 이것은 절대 육신적인 감정이 아니었다. 만난 적도 없고, 대화한 적도 없는 사람을 어떻게 좋아할 수 있는가? 하지만 날이 거듭할수록, 하나님은 그 아들의 생애, 달란트, 비전, 그리고 무엇보다도 하나님께서 얼마나 그를 사랑하시는지를 깨닫게 하셨다. 그리고 자연스럽게 하나님께서 사랑하시는 그 아들을 동일하게 사랑하기 시작했다. 나는 이것이 내 안에서 움직이고 계시는 성령님임을 확신했고, 이제는 오빠가 공부를 마치고 한국으로 귀국할 날이 기다려지기 시작했다.

chapter 08

에녹 오빠를 만나다

에녹 오빠를 만나다

"너희의 하나님 여호와께서 이 땅을 너희 앞에 두셨은즉
너희 조상의 하나님 여호와께서 너희에게 이르신 대로 올라가서
차지하라 두려워하지 말라 주저하지 말라 한즉."

(신 1:21)

가나안 땅은 하나님의 말씀에 대한 믿음으로 취하는 땅이다. 여호수아와 이스라엘 백성이 가나안 땅을 취할 때, 가장 먼저 차지해야 했던 땅은 여리고 성이었다. 나에게 에녹 오빠를 만나는 과정은 마치 여리고 성과 같았다.

2021년 8월 26일, 에녹 오빠를 처음 만난 날이다. 에녹 오빠는 베이지색 티셔츠에 검은 마스크, 검은 바지, 그리고 검은 슬리퍼를 신고, 마치 동네친구를 만나는 듯 편한 차림새로 내 앞에 나타났다. '나에게 관심이 있으면 조금 더 차려 입었을 텐데. 나에게 정말 아무런 감정이 없구나.' 불곰 같이 생긴 190cm의 에녹 오빠는 마른 범생이 스타일을 좋아하는 나의 이상형과 멀어도 너무 멀었다. '내가 과연 에녹 오빠를 이성적으

로 좋아하게 될까?' 나는 속으로 탄식했다.

에녹 오빠를 만나는 나에게는 두 가지의 믿음이 필요했다. 첫째는 나에게 관심이 하나도 없는 에녹 오빠가 나를 좋아하게 될 거라는 믿음이었고, 둘째는 확고한 이상형을 갖고 있던 내가 에녹 오빠를 이성적으로 좋아하게 될 거라는 믿음이었다.

"믿음은 바라는 것들의 실상이요 보이지 않는 것들의 증거니."

(히 11:1)

나는 주야로 성령님께 구하기 시작했다.

"성령님, 도와주세요."

"제가 에녹 오빠를 좋아하게 해주시고, 에녹 오빠도 저를 좋아하게 해주세요."

그런데 정말 놀랍게도 성령님은 나의 믿음을 키우기 시작하셨다. 성령님은 내가 에녹 오빠를 만날 때마다 에녹 오빠가 나에 대한 감정의 유무에 집중시키지 않으시고, 에녹 오빠가 무엇을 즐거워하고 잘하는지, 무엇을 기뻐하고 힘들어하는지 등 성령님에게 중요한 것에 집중시키셨다. 그리고 어느새, 내 안에는 걱정과 근심이 사라지기 시작했고, 오히려 하나님의 뜻을 따르는 나를 하나님께서 도우실 수밖에 없다는 거룩한 자신감이 생기기 시작했다.

> "믿음이 없이는 하나님을 기쁘시게 하지 못하나니
> 하나님께 나아가는 자는 반드시 그가 계신 것과 또한
> 그가 자기를 찾는 자들에게 상 주시는 이심을
> 믿어야 할지니라."
>
> (히 11:6)

우리의 세 번째 만남에서 그 믿음은 나도 모르게 행동으로 나타나기 시작했다. 그날, 차 안에서 잠깐 얘기를 하고 있었는데, 그때 성령님께서 나의 마음을 격동시키기 시작하셨다.

"Just be yourself! 그냥 너답게!"

'나답게?'

역시 성령님은 내가 무엇을 생각하고 있는지 알고 계셨다. 선택의 갈림길에 선 나는 몇 초간 침묵했고, 갑자기 조용해진 나를 에녹 오빠는 의아하게 쳐다보았다. 나는 동그란 눈동자로 나를 쳐다보는 에녹 오빠를 가만히 쳐다보았고, 그 순간 나의 마음 속 이성적인 설렘을 확인했다. 나는 그 작은 설렘을 느낀 순간, 에녹 오빠의 양 볼을 두 손으로 잡고 에녹 오빠의 커다래진 두 눈을 바라보며 천천히 말했다.

"오빠."

"…응?"

"오빠는 날 좋아하게 될 거야!'

그날, 나는 집으로 돌아오는 차 안에서 하염없이 울었다. 나는 이렇게까지 적극적으로 표현할 만큼 에녹 오빠를 사랑하는 것도 아니었다. 에녹 오빠를 사랑하기로 선택한 것도 전부 하나님 때문이었다. 그런데 내가 사랑받기는커녕 이렇게 일방적으로 표현해야만 하는 것이 너무 자존심이 상하고, 슬프고, 외로웠다. 그렇게 차 안에서 슬피 우는 그 순간, 주님께서 나를 찾아오셨다. 주님은 성령님을 통해 부드러운 음성으로 속삭이셨다.

"Mary, I love you. 메리야, 내가 너를 사랑한단다."

그분의 음성을 들은 순간, 나의 슬픈 눈물은 감격의 눈물로 바뀌었다. 나에게 아무런 관심도 없는 에녹 오빠를 내가 일방적으로 좋아하듯 주님도 그분에게 아무런 관심도 없던 나를 태초부터 일방적으로 사랑하기로 선택하셨고, 지금까지도 나를 사랑하고 계셨다. 나는 내 생애 가장 외롭고 슬펐던 그날, 나를 이 같이 사랑해주는 존재가 있음에 감격했다. 차 안에서, 나는 환하게 웃으며 큰 목소리로 외쳤다.

"예수님! 나의 영원한 신랑은 주님이십니다!"

그렇다. 육신의 신랑을 만나는 과정을 통해, 나는 최후의 신랑 되시는 예수님을 만났다. 그 만남은 내 모든 삶의 초점을 예수님으로 바꿔주었고, 최후의 신랑을 위해서라면 이제는 그 어떤 것도 불가능하지 않았다.

나에게 천국의 삶, 곧 새 예루살렘이 시작된 것이다.

chapter 09

전광훈 목사님의 주례사
: 최후의 새 예루살렘 결혼식

전광훈 목사님의 주례사
: 최후의 새 예루살렘 결혼식

사람은 이 땅에 태어나서 결혼을 두 번 한다. 첫 번째 결혼은 육신의 결혼이다. 두 번째 결혼은 성경의 마지막 책인 요한계시록 21장에 나오는 어린양의 혼인잔치다. 모든 사람은 이 두 결혼의 과정을 거치게 되는데, 우리를 향한 하나님의 최종 목적지는 예수님이 재림하실 최후의 결혼식, 바로 새 예루살렘의 결혼식이다.

성경이 기록하는 인류 역사의 첫 번째 결혼식은 아담과 하와의 결혼식이다.

> "여호와 하나님이 아담을 깊이 잠들게 하시니 잠들매
> 그가 그 갈빗대 하나를 취하고 살로 대신 채우시고
> 여호와 하나님이 아담에게서 취하신 그 갈빗대로 여자를
> 만드시고 그를 아담에게로 이끌어 오시니 아담이 이르되
> 이는 내 뼈 중의 뼈요 살 중의 살이라 이것을
> 남자에게서 취하였은즉 여자라 부르리라 하니라."
> (창 2:21-23)

사도 바울은 아담과 하와의 육신적 결혼에 대해 이렇게 해석하고 있다.

"... 아담은 오실 자의 모형이라."
(롬 5:14)

"그러므로 사람이 부모를 떠나 그의 아내와 합하여
그 둘이 한 육체가 될지니 이 비밀이 크도다
나는 그리스도와 교회에 대하여 말하노라."
(엡 5:31-32)

영국이 낳은 세계적인 목회자 마틴 로이드 존스(Martyn Lloyd-Jones)가 말하길, 하나님은 아담과 하와의 결혼식을 통해 요한계시록 21장의 어린양 혼인잔치를 먼저 예표하신 것이다. 즉, 아담은 예수님의 모형이고, 하와는 예수님의 신부인 교회의 표상인 것이다.

예수님께서 교회를 신부로 얻기 위해 죽으신 것 같이 아담과 하와의 결혼식도 죽음으로부터 시작되었다. 하나님은 아담을 먼저 만드시고, 깊은 잠에 들게 하셨다. '잠에 들다'의 히브리어 원어는 '죽다'다. 하나님은 아담이 죽은 뒤에서야 그의 갈비뼈를 취해서 하와를 만든 것이다. 성경은 예수님이 십자가에 죽으실 때 옆구리(갈비뼈)에 한 군인이 창을 찌르니, 피와 물이 나왔다고 기록한다. 아담이 갈비뼈로 하와를 얻은 것 같이 예수님은 피와 물로 신부인 우리를 얻은 것이다.

"그 중 한 군인이 창으로 옆구리를 찌르니
곧 피와 물이 나오더라."

(요 19:34)

부부의 진정한 모습은 예수님과 교회의 모습이다. 일생을 함께 산다고 해서 부부가 되는 것이 아니다.

예수님은 교회를 얻기 위해 죽으셨다. 남편은 아내를 얻을 때, 생명을 거는 희생을 해야 한다. 죽어야 아내의 마음을 얻을 수 있다. 모든 남편은 아내를 향하여 죽는 법을 배워야 한다. 이것은 바로, 자존심의 죽음이다. 형제들이여, 사랑하는 아내를 얻고자 죽을 수 있는가?

"남편들아 아내 사랑하기를 그리스도께서 교회를 사랑하시고
그 교회를 위하여 자신을 주심 같이 하라."

(엡 5:25)

교회는 예수님의 물과 피로 만들어졌다. 남편이 목숨을 걸고 아내를 사랑한다면, 아내도 그에 마땅한 반응을 해야 한다. 사도 바울은 이 반응을 순종이라고 한다.

> "아내들이여 자기 남편에게 복종하기를 주께 하듯 하라
> 이는 남편이 아내의 머리 됨이 그리스도께서 교회의
> 머리 됨과 같음이니 그가 바로 몸의 구주시니라
> 그러므로 교회가 그리스도에게 하듯 아내들도
> 범사에 자기 남편에게 복종할지니라."
> (엡 5:22-24)

이 남자가 진정 나의 남편이 되기를 바라는가? 그렇다면 순종하는 법을 배워야 한다. 순종하지 않는 행복은 없다. 가정에서는 남편에게, 교회에서는 목사님에게 우리는 순종을 배워야 한다. 여자의 최고 덕목은 순종이며, 이 순종의 덕목은 육신의 결혼에서만 끝나는 것이 아니라 최후의 결혼까지 이어진다는 것을 반드시 기억해야 한다.

우리는 육신의 결혼 속에서 겪는 모든 희로애락의 초점을 예수님과의 최후의 결혼식에 맞춰야 한다. 결혼의 희로애락을 통해 예수님을 붙잡고 만나고 닮아가야 한다. 이것이 새 예루살렘을 준비 하는 지혜로운 신부의 모습이다!

chapter 10

나의 이상은
어디에 있나?

나의 이삭은 어디에 있나?

나의 아담, 나의 이삭, 나의 에녹 오빠를 어떻게 만날 수 있을까? 미래의 배우자를 어떻게 만날 수 있을까?

하나님은 모든 만남의 주관자이시다. 아담과 하와는 절대 스스로의 힘으로 만난 것이 아니다.

> "여호와 하나님이 아담에게서 취하신 그 갈빗대로
> 여자를 만드시고 그를 아담에게로 이끌어 오시니."
>
> (창 2:22)

결혼은 내 힘이 아닌, 전적인 하나님의 이끄심으로 이루어진다. 우리는 태초의 결혼식부터 최후의 결혼식까지 모든 만남을 인도하시고 성사시키시는 하나님 한 분만을 신뢰해야 한다. 이것이 성경적인 만남의 원리다. 성경은 이 같은 만남의 원리를 알고 있던 한 지혜로운 여인의 결혼 이야기를 담고 있다. 그 여인의 이름은 리브가다.

　창세기 24장에 기록된 이삭과 리브가의 결혼 이야기를 통해 삼위일체 하나님을 발견할 수 있다. 창세기 24장은 믿음의 조상 아브라함이 종 엘리에셀을 통해 사랑하는 독자 이삭의 아내를 밧단아람에서 구해오는 여정을 그리고 있다.

　아브라함에게 이삭의 결혼은 가정의 대사였다. 결혼은 언약의 상속과 관련 있기 때문에, 이삭의 결혼은 단순한 혈통적 씨를 잇는 것에 그치지 않고 장차 이루어질 하나님의 구속사와 중대한 연관성이 있었다. 그렇기 때문에 아브라함은 종 엘리에셀에게 우상을 섬기는 가나안 여인이 아니라 자기 고향 자기 족속의 며느리를 구해오라고 맹세케 한다. 아브라함은 성부 하나님을 의미한다.

　"내가 너에게 하늘의 하나님, 땅의 하나님이신 여호와를 가리켜

맹세하게 하노니 너는 내가 거주하는 이 지방 가나안 족속의
딸 중에서 내 아들을 위하여 아내를 택하지 말고 내 고향
내 족속에게로 가서 내 아들 이삭을 위하여 아내를 택하라."

(창 24:3-4)

엘리에셀은 '하나님은 도우시는 분', 곧 '보혜사'라는 뜻이다. 엘리에셀은 아브라함의 모든 소유를 관리하는 청지기였다. 아브라함의 명령을 받은 엘리에셀은 주인 아브라함의 뜻을 이루기 위해 기도하고 움직인다. 그는 하나님께서 예비하신 이삭의 아내를 알 수 있는 표징을 보여 달라고 기도한다. 하나님께서는 그의 기도가 끝나기도 전에 리브가를 만나게 하신다. 엘리에셀은 리브가를 아브라함이 명한대로 남편이 될 이삭에게 적극적으로 인도한다. 엘리에셀은 보혜사 성령 하나님을 의미한다.

"그가 이르되 우리 주인 아브라함의 하나님 여호와여
원하건대 오늘 나에게 순조롭게 만나게 하사
내 주인 아브라함에게 은혜를 베푸시옵소서."

(창 24:12)

신부가 오기를 기다리며 들에서 묵상하는 이삭은 아브라함의 하나뿐인 아들이다. 이삭은 아버지 아브라함의 말씀을 따라 모리아 산에서 죽음을 경험한 순종의 아들이며, 그 죽음으로 인해 아브라함의 언약을 잇는 상속자가 된다. 이삭은 성자

예수님을 뜻한다. 이삭이 리브가와의 결혼을 통해 큰 위로를 받은 것 같이, 예수님은 신부된 우리와의 결혼을 통해 가장 큰 기쁨을 느끼신다.

> "이삭이 리브가를 인도하여 그의 어머니 사라의 장막으로
> 들이고 그를 맞이하여 아내로 삼고 사랑하였으니
> 이삭이 그의 어머니를 장례한 후에 위로를 얻었더라."
> (창 24:67)

혼인잔치의 마지막 주인공은 아름다운 신부다. 리브가는 이삭의 신부가 될 여인이었다. 그녀는 순결하고 결단력이 있는 사람이었다. 리브가는 이삭의 외모와 키가 어떠하며 성격과 근성이 어떠한지 아무것도 알지 못했다. 하지만 이삭과의 결혼이 하나님의 뜻임을 확인한 순간, 리브가는 자신의 모든 것을 내려놓고 즉시 엘리에셀을 따라나선다. 빼어난 외모로 세상의 정욕을 따라 살 수 있었지만, 리브가는 자신의 지정의를 하나님의 뜻 앞에서 죽인다. 아담이 죽음으로 하와를 얻은 것 같이, 리브가도 지정의의 죽음으로 사랑하는 남편을 얻고, 더 나아가 아브라함의 언약을 잇는 사명자의 삶을 산다. 지정의를 죽인 리브가는 예수님을 신랑으로 영접하는 신부된 우리의 모습이다.

> "리브가를 불러 그에게 이르되
> 네가 이 사람과 함께 가려느냐 그가 대답하되 가겠나이다."
> (창 24:58)

전광훈 목사님의 말씀에 따르면, 결혼은 백마 탄 왕자를 무조건 기다리기만 하는 것이 아니다. 결혼은 내가 하나님의 뜻을 발견하고 그 뜻에 순종할 수 있도록 나 자신을 적극적으로 준비하는 것이다. 언제나 우리의 뜻보다 높고, 우리에게 미래와 희망을 주는 하나님의 뜻을 알아볼 수 있는 마음을 준비하는 것이다.

> "여호와의 말씀이니라 너희를 향한 나의 생각을
> 내가 아나니 평안이요 재앙이 아니니라
> 너희에게 미래와 희망을 주는 것이니라."
>
> (렘 29:11)

그런데 도대체 왜 우리는 완전한 하나님의 뜻을 믿지 못하는가? 이것은 내 속의 생각, 감정, 가치관, 철학과 의지의 주인이 전부 나 자신이기 때문이다. 아담과 하와의 원죄로 말미암아 이미 희석된 우리에게는 완전한 기준과 잣대가 상실되어 있다. 따라서 보이지 않는 하나님의 뜻을 따르기 위해서는 내 삶의 기준을 하나님의 말씀과 기도에 두어야 한다.

엘리에셀의 말에 즉각적으로 반응한 리브가처럼, 우리는 하나님께서 성령님을 통해 주시는 말씀, 감정, 그리고 양심에 민감하게 반응해야 한다. 이 같은 하나님의 음성에 대한 영적 민감성은 하나님과의 지속적인 영적 교제 가운데 성장한다. 영적 교제는 예배와 말씀과 기도를 통해 눈에 보이지 않는 하나님을 인격적으로 알아가는 시간이다. 많은 크리스천들이 습관적으로 교회를 다니고, 말씀과 기도의 생활을 한다. 하지만, 진정한 신앙생활은 어제보다 오늘, 오늘보다 내일, 하나님을 더 깊이 알아가는 것이다. 삼위일체 하나님을 인격적으로 아는 사람만이 때때로는 이해할 수도 없고 보이지도 않는 하나님의 완전하신 뜻을 신뢰할 수 있다.

하나님과 나의 관계가 어떠함을 확인할 수 있는 좋은 질문이 있다.

'나에게 하나님은 어떤 분이신가?'

chapter 11

♥

나에게 하나님은 어떤 분이신가?

나에게 하나님은 어떤 분이신가?

하나님은 나에게 어떤 분이신가? 나를 무조건적으로 사랑해주고 인정해주는 하나님이신가, 아니면 권위적이고 두려운 하나님이신가? 나의 작은 신음소리에도 귀 기울이시는 하나님이신가, 아니면 늘 바쁘고 부재중인 하나님이신가? 나와 영원히 함께 해주실 하나님이신가, 아니면 언젠가 나를 버리실 하나님이신가?

우리는 모두 자라온 환경, 가족과 주변 사람들, 그리고 다양한 사건과 사고로 인해 하나님에 대한 왜곡된 시선을 가지게 된다. 특히, 육신의 아버지와의 관계는 영적인 아버지가 되시는 하나님과의 관계에 큰 영향을 끼친다. 예를 들어, 권위적인 아버지 밑에서 자란 자녀들은 하나님 아버지를 바라볼 때 권위적인 존재로 받아들이고, 연약하고 소심한 아버지 밑에서 자란 자녀들은 하나님 아버지를 바라볼 때 나를 도와줄 수 없는 무능한 존재로 받아들이게 된다.

오늘날, 많은 한국의 부모들은 자녀의 숨겨진 내면의 상처를 인정하지 않는다. 하지만, 해결되지 않은 내면의 상처로 인해 많은 다음세대 청년들은 하나님으로부터 거리를 두며 신앙 생활을 한다. 너무나 안타까운 일이다. 나 역시 그런 청년에 속해 있었다. 여느 누구와 별다를 것이 없는 나는 미지근한 신앙생활을 하고 있었다. 그런데 지금은 하나님과의 친밀한 교제를 누리고 있다. 그 시발점이 무엇이었을까?

중학교 2학년 때, 엄마가 나에게 던진 질문이었다.

"메리, 너에게 하나님은 어떤 존재니?"

살면서 처음 들어본 질문에 나는 몇 분간 골똘히 생각해 봤다. 그리고 엄마에게 대답했다.

"음... 하나님은 좋은 분이신데, 동시에 엄격해. 나에게 몸에 좋은 야채만 주고 내가 원하는 건 안 주시는 분이야."

딸의 대답에 놀랐는지 엄마는 잠시 침묵하다가 나에게 다시 물어봤다.

"메리야, 왜 하나님이 엄격하고, 네가 원하는 건 안 주시는 하나님 같아? 엄마가 아는 하나님은 그런 분이 아니신데... 우리 성령님께 지금 한번 물어볼까? 성령님은 메리가 기도로 물어보면 반드시 말씀해주실 거야."

> "보혜사 곧 아버지께서 내 이름으로 보내실 성령
> 그가 너희에게 모든 것을 가르치고
> 내가 너희에게 말한 모든 것을 생각나게 하리라."
> (요 14:26)

나는 방언으로 기도하며 성령님께 여쭸다. 그런데 몇 분도 되지 않아, 내가 지어낼 수조차도 없는 오래된 기억이 카메라 필름 돌 듯, 눈 앞에 선명하게 펼쳐졌다. 기억 속의 나는 초등학교 1학년 때의 모습이었다. 미국 미시간 주에 살았을 당시 엄마가 자주 다니던 마트에서 나는 마음에 드는 장난감을 손에 쥐며 엄마에게 사도 되냐고 묻고 있었다. 그러자 기억 속의 엄마는 나에게 단호하게 말했다.

"Mary, is this a need or a want? 메리, 이게 정말 필요한 거

야 아니면 그냥 원하는 거야?"

이것은 내가 어렸을 때 엄마로부터 가장 자주 듣던 질문이다. 머나먼 미국 타지에서 가난한 신학생 남편과 어린 딸을 먹이고 입히기 위해 엄마는 열심히 일을 해야 했고, 또 열심히 절약해야만 했었다. 어린 나이에도 가정의 형편을 이해했기 때문에, 늘 제자리에 장난감을 갖다 두었지만, 어릴적 엄마의 엄격한 절약정신과 가르침은 영적 부모 되시는 하나님도 나에게 엄격한 존재로 비추었다. 그래서 성경을 더 많이 읽고, 기도를 더 많이 해도, 하나님은 늘 나에게 거리감이 있는 존재였다.

이 같이 성령님께서 기도 가운데 보여주신 기억을 엄마와 나누면서 나도 모르게 눈물이 고였다. 그때 내 안에 엄마에 대한 상처가 있었다는 것을 처음으로 깨달았다. 바쁜 스케줄 때문에 늘 나에게 '빨리 빨리'라고 다그치는 엄마, 돈이 없어서 내가 원하는 것을 사주지 못하는 엄마, 그리고 무조건 순종해야 하는 엄마. 이 세상에서 내가 가장 사랑하는 사람이지만, 당시는 너무 어려서 고백하지 못했던 상처들이 올라오자 나는 주체할 수 없을 정도로 울기 시작했다. 그렇게 나는 몇 분 동안, 엄마 앞에서 나의 솔직한 심정을 모두 토설했다.

"엄마, 나 너무 힘들었어…"

그렇게 마음껏 울고 토설하니까, 마치 내 안에 깊이 박힌 큰 돌 하나가 뽑혀 나간 것처럼 마음이 상쾌하고 속이 시원했다. 그런 나에게 엄마는 나의 인생을 송두리째 바꿔놓을 말을 했다.

"메리야, 엄마가 미안해."

그날 이후로, 나는 엄마와의 관계가 회복되었고, 더 나아가 하나님은 내 육신의 부모와 동일하지 않다는 것을 깨달았다. 내 육신의 부모는 불완전하지만, 하나님은 완전한 부모이시다. 하나님은 절대 바쁘지도 않으시고, 가난하지도 않으시고, 엄격하지도 않으시다. 하나님은 우리의 감정에 귀 기울이시고, 필요한 모든 것을 채워주시고, 실수해도 다시 일으켜 세워주시는 따뜻한 아버지시다.

우리는 하나님을 제대로 만나야 한다. 하나님과의 인격적인 만남은 우리에게 꿈을 주고, 상상치도 못한 능력을 풀어주고, 무엇보다 자유와 희락을 선물해준다. 그리고 더 나아가, 때때로 이해도 안 되고 보이지도 않는 하나님의 뜻을 신뢰할 수 있는 힘을 준다. 하나님이 이리도 나를 사랑하시는데, 설마 나를 망하게 하시겠는가?

그래서 내가 에녹 오빠와의 결혼을 두고 눈물로 나의 자정의를 죽이는 가운데도, 하나님은 나와 하나님간의 관계를 두고 이렇게 말씀하셨다.

"Mary, focus on me! Who am I to you? 메리, 나에게 집중해! 내가 너에게 어떤 존재니?"

"You…? 하나님이요?"

"너희가 악한 자라도 좋은 것으로 자식에게 줄 줄 알거든
하물며 하늘에 계신 너희 아버지께서 구하는 자에게
좋은 것으로 주시지 않겠느냐."

(마 7:11)

우리의 지정의의 반납을 가능케 하는 것은 하나님 아버지와의 인격적인 만남 속에서 쌓여 가는 신뢰다. 그래서 나는 외모도, 성격도 모르는 에녹 오빠가 하나님께서 허락하신 최고의 배우자임을 신뢰할 수가 있었다.

chapter 12

너랑 있으면 왠지 모르게
마음이 편하고 따뜻해

너랑 있으면 왠지 모르게 마음이 편하고 따뜻해

"오빠는 날 좋아하게 될 거야!"

나는 성격상 절대 먼저 호감을 표현하지 않는 사람이다. 하지만, 하나님께서는 내가 에녹 오빠가 하나님의 뜻임을 확인한 순간부터 나의 말과 행동을 적극적으로 바꾸기 시작하셨다. 나는 에녹 오빠를 만날 때마다 성령님께서 주시는 말들을 단 한 번도 자제하지 않았다.

"오빠, 오빠는 진짜 대단한 것 같아요."

"오빠, 하나님은 오빠를 향한 아름다운 계획이 있어요."

"오빠, 나도 오빠를 좋아하는데, 하나님은 나보다 오빠를 얼마나 더 사랑하는지 알아요?"

원래 같았으면, 남자친구가 아닌 이상 절대 하지 않을 말들이 어찌나 술술 나오던지!

나는 에녹 오빠를 만날 때마다, 꼭 먼저 기도를 했다.

"하나님, 오늘은 오빠에 대해 무엇을 물어보면 좋을까요? 저는 오빠에 대해 빨리 더 알고 싶거든요."

그래서 나는 에녹 오빠와 만나는 한 달 동안 에녹 오빠의 MBTI 성격부터 시작해서 혈액형, 좋아하는 음식, 싫어하는 음식, 잘하는 것, 못하는 것, 좋아하는 운동, 좋아하는 음악 취향, 사랑의 언어, 미국에서의 유학 생활, 부모님과의 관계, 누나와의 관계, 할머니와의 관계, 살면서 가장 힘들었던 기억, 앞으로의 꿈과 비전, 그리고 무엇보다도 지금 하나님과의 관계에 대해 물어봤다. 그리고 대화 가운데 그저 오고가는 말들뿐만 아니라 에녹 오빠의 눈빛부터 작은 행동, 그리고 목소리의 톤까지 살폈다. 에녹 오빠가 어떤 말을 할 때 가장 행복해 하고, 어떤 말을 할 때 가장 슬퍼하는지 금방 알아차릴 수 있었다. 이것은 내가 대학교 때 심리학을 전공했기 때문이 아니라, 기도하는 나에게 하나님께서 지혜를 주셨기 때문이다. 하나님은 내가 적극적으로 에녹 오빠에게 다가갈 수 있는 지혜와 힘을 주셨고, 내가 매번 적극적으로 다가갈 때마다 하나님께서는 나의 믿음을 기뻐하셨다. 결혼은 하나님의 뜻을 확인한 순간부터 적극적으로 움직여야 한다.

나에게 가장 적극적이었던 행동은 바로 차 안에서 오빠의 양쪽 볼을 잡고 했던 고백이었다. '오빠는 날 좋아하게 될 거야!'

차 안에서 에녹 오빠에게 일방적으로 마음을 표현한 날, 나는 나에게만 변화가 일어난 줄 알았는데, 그날 에녹 오빠의 마음에도 변화가 일어나기 시작했다.

나를 만나기 전, 에녹 오빠는 오랫동안 만나오던 이성친구가 있었다. 그런데, 하나님의 뜻이 아니라는 부모님의 말씀을 받아들이고 이별을 택했다. 나와 똑같이 지정의를 반납한 것이다. 그래서 우리는 만나는 동안에, 과거의 이성친구에 대한 이야기를 스스럼없이 나눌 수가 있었다. 결국 이것은 서로에게 큰 위로가 되었다. 그때 나는 몰랐지만, 성령님은 그 순간부터 한 달 동안 에녹 오빠의 마음을 만지기 시작하셨다.

한 사람을 오랫동안 지켜본 후에야 마음을 표현하는 에녹 오빠는 고작 두 주 만에 나에 대한 호감이 생기기 시작했고, 결국 전광훈 목사님께서 바라셨던 한 달 만에, 정말 고작 한 달이 지나고 우리의 결혼을 순종할 수 있을 정도로 나에 대한 감정이 깊어졌다. 에녹 오빠에게 있어 절대 상상할 수 없는 일이었지만, 함께 시간을 보낼수록 '가짜 전에녹'이 아닌 '진짜 전에녹'이 나오기 시작하면서 마음가짐이 달라졌다고 한다. 에녹 오빠의 말에 의하면, 29년을 살아 오면서 그 누구에게도 자신의 '진짜' 모습을 50% 이상 보여준 적이 없었는데, 나와 만난 지 일주일 만에 자기도 모르게 모든 것을 보여주었다고 한다. 그리고 매일 아무런 꾸밈없이 청바지에 체크 남방, 안경까지 풀 착장하고 있는 내가 예뻐 보이기 시작했다고 한다.

"메리, 나는 너랑 있으면 왠지 모르게 그냥 마음이 편하고 따뜻해져."

그렇게 나는 하나님께서 태초부터 예비하신 짝을 24살에 만났다. 그리고 우리는 전광훈 목사님의 선포대로 만난지 한 달 만인 2021년 10월 5일에 결혼을 했다.

결혼 후, 나는 하나님께 마지막으로 궁금한 질문이 있었다.

"하나님은 저희가 다른 사람들처럼 자연스럽게 만나 결혼할 수 있게끔 충분히 하실 수 있었잖아요. 그런데 왜 그렇게 안 하셨어요?"

"메리야."

"네?"

"네가 얻은 것이 얼마나 더 많은지 이미 알고 있지 않느냐?"

'내가 얻은 것?' 내가 나의 전부를 하나님께 믿음으로 드렸을 때, 하나님께서는 그분의 전부를 나에게 주셨다. 내가 독립된 지정의를 하나님께 반납함으로써, 나는 새 예루살렘의 신랑 되시는 예수님을 만났다. 더 나아가 내 삶의 모든 초점은 새 예루살렘이 되었다. 하지만 그 뿐만 아니다. 나는 결혼생활을 시작하면서 하나님께서 나에게 새 예루살렘만 주신 것이 아니라, 내가 초등학교 6학년부터 기도해 온 배우자에 대한 응답도 주셨음을 깨달았다.

믿음으로 선택한 에녹 오빠 속에는 내가 초등학교 6학년부터 기도해 온 배우자 기도문이 녹아 있었다.

chapter 13

♥

메리의
<배우자 기도문>

메리의 〈배우자 기도문〉

나는 초등학교 6학년부터 미래의 남편을 위해 기도해 왔다. 그리고 세월이 흘러 24살이 된 나는 30가지의 제목을 두고 기도를 하고 있었다. 오른쪽에 있는 것이 나의 배우자 기도문이다.

모든 만남은 하나님의 손에서 시작된다. 그러므로 우리는 만남의 축복을 위해서 하나님께 믿음으로 구해야 한다. 우리가 하나님께 드린 기도는 하나도 땅에 떨어지지 않는다. 지금 당장 눈에 보이지 않더라도, 하나님은 그분의 귀에 들리는 대로 시행하신다.

> "그들에게 이르기를
> 여호와의 말씀에 내 삶을 두고 맹세하노라
> 너희 말이 내 귀에 들린 대로 내가 너희에게 행하리니."
>
> (민 14:28)

나는 10년 동안 배우자를 위해 기도해 온 결과, 3가지의 축복을 얻었다. 첫째, 나 자신이 기도한 제목대로 변화되기 시작했

1. 하나님을 생명보다 사랑하는 자, 그리고 나와 자녀, 부모, 이웃, 나라를 그 사랑으로 사랑하는 사람
2. 하나님의 나라를 향한 열정과 나를 향한 열정과 존경이 있는 사람
3. 순교자의 영성이 있는, 겸손하고 거룩한 사람
4. 말씀과 기도의 은사가 있는 사람
5. 전문성을 갖춘, 사회에서 존경 받는 사람
6. 내면의 상처가 치유되어 온유한 사람
7. 나보다 마음이 커서, 항상 져 주고, 인내 해주고, 기다려주는 사람
8. 성령충만해서, 영적으로 분별할 수 있는 사람
9. 주님을 위해 자기관리하는 사람
10. 자유하고 여유가 있는 사람
11. 사역을 함께할 수 있는 시부모님을 둔 사람
12. 요리하기를 즐거워하는 시어머니를 둔 사람
13. 사람을 살리는 예쁜 말을 하는 사람
14. 재정 관리의 은사가 있는 사람
15. 나를 항상 안아주고 손을 잡아주는 사람
16. 예배 안에서 매일 생명을 느끼는 사람
17. 슬플 때나 기쁠 때나 찬양하는 사람
18. 쌍꺼풀이 없고 맑은 눈동자의 사람
19. 내 부모님의 허물을 덮어 줄 수 있는 겸손한 사람
20. 내 비전과 함께 동행하고 싶어하는 사람
21. 자연에 감탄하는 사람
22. 내게 항상 사랑스럽고 예쁘다고 말해주는 사람
23. 수다쟁이 여동생의 모든 말을 들어줄 수 있는 인내의 사람
24. 매일 아침, 하나님의 음성을 구하는 사람
25. 작은 일도, 하나님께 구하는 사람
26. 밖에서는 사자, 집 안에서는 양 같은, 가정적이고 멋진 사람
27. 새벽기도를 매일 같이 드릴 수 있는 사람
28. 큰 꿈을 갖고 있지만, 가정이 우선인 사람
29. 아들과 딸을 똑같은 사랑으로 대하는 사람
30. 정금 같은 사람

다. 미래의 남편을 위해서 기도하는 동안에 하나님은 나를 정금같이 빚어가셨다. 둘째, 기도한 내용대로 남편을 만났다. 하나님은 내가 기도한 크고 작은 제목들을 전부 응답해주셨다. 마지막으로 셋째, 결혼이라는 것은 완성을 향한 진행임을 깨닫게 하셨다. 지금 당장으로 말할 것 같으면, 나나 에녹 오빠는 기도문의 모든 제목들을 갖춘 완성형 상태는 아니다. 하지만, 하나님께서 우리를 바라보시는 것처럼 우리는 서로를 현재의 모습이 아닌 미래적인 현재로 바라보아야 한다.

미래적 현실은 그 사람에 대한 하나님의 약속과 계획을 의미한다. 하나님께서는 나의 배우자의 현재 모습과 상관없이 그를 향한 특별한 뜻과 계획이 있으시다. 하나님께서는 이 마음을 우리가 공유하기를 바라신다. 하나님께서 바라시는 것은 우리가 배우자를 향한 하나님의 마음을 공유하고 그 뜻에 동참하고 돕는 것이다. 물론, 모든 배우자에게는 부정적인 부분들도 있다. 하지만, 하나님의 뜻을 부각시키고 격려할 때, 그 뜻은 더 아름답게 성장하고 부정적인 부분들은 소멸된다. 우리는 배우자에게 소원을 두고 행하실 하나님을 신뢰해야 한다.

> "너희 안에서 행하시는 이는 하나님이시니
> 자기의 기쁘신 뜻을 위하여
> 너희에게 소원을 두고 행하게 하시나니."
>
> (빌 2:13)

나는 에녹 오빠를 만나기 전부터 지금까지 에녹 오빠를 위해서 매일 기도한다. 그리고 하나님은 기도하는 아내에게 남편에 대한 하나님의 마음을 매일같이 말씀해 주신다. 아래는 하나님으로부터 내가 응답 받은 남편 전에녹의 보고서다.

첫째, 에녹 오빠는 마음이 부드럽지만 강한 아들이다. 에녹 오빠는 어렸을 때부터 부흥 사역을 하시는 부모님의 부재로 큰 외로움이 있는 아이였다. 하지만, 하나님께서는 친할머니를 통해 에녹 오빠에게 하나님의 무조건적인 사랑을 알게 하신 것 같다. 그리고 할머니 품에서 어느덧 채워지자, 하나님께서는 초등학교 6학년 때 에녹 오빠를 미국에 있는 고모에게 유학을 보내셨다. 할머니의 성격과는 사뭇 다른 고모는 에녹 오빠에게 철저한 질서와 자기관리를 교육시켰다. 그리고 고등학교 때 진학한 사관학교에서 에녹 오빠는 아이같이 여리고 소심한 마음을 완전히 탈바꿈 시켜줄 미식축구를 접하게 된다. 고등학교 입학식 날, 본인의 의지와 달리 미식축구 코치가 일방적으로 에녹 오빠를 캐스팅한 것이다. 이것은 하나님께서 인도하신 만남의 축복이다. 물론, 에녹 오빠는 팀 내에서 유일한 동양인으로 인종차별도 당하고 무시도 받지만, 끝까지 포기하지 않고 결국 팀의 주장까지 해내게 된다. 에녹 오빠에게는 부드러운 마음도 있지만, 강한 끈기와 의지가 있다.

둘째, 에녹 오빠는 매우 가정적인 사람이다. 심리학 전공자로서, 성격유형 검사 중, 가장 정확한 것이 MBTI(Myers-Briggs Type Indicator) 검사다. MBTI의 16개 성격 유형 중, 나는 ENFJ이고 에녹 오빠는 ISFJ이다. 나는 에녹 오빠를 두 번째로 만난 날, 핸드폰으로 오빠의 성격 유형 검사를 바로 해보았다. 에녹 오빠는 검사 결과를 보자마자 자기를 뼛속까지 아는 것 같다고 놀라며 웃었다. 그런데 나도 검사 결과를 읽으면서 에녹 오빠 못지않게 놀랐다. 그것은 에녹 오빠의 성격 유형이 내가 지난 10년 동안 기도해온 배우자 상이었기 때문이다.

MBTI 결과에 따르면, 에녹 오빠는 ISFJ(내향 감각 감정 판단형) 성격 유형으로서 '돌보는 사람 형'이다. 돌보는 사람형은 완벽한 부모와 가장 유사한 성격 유형이다. 친절하고, 헌신적이고, 부드러운 방식으로 다른 사람을 돌보는 것이 그들의 가장 큰 욕구다.

그들은 가정을 시작하고 세우는 것이 최고의 우선순위이며, 어떤 때는 직업이나 다른 관심사들보다 더 중요하다. 이것은 30가지 중, 나의 28번째 배우자 기도제목이다. 16가지 성격유형 중, 돌보는 사람형은 자녀들에게 가장 이상적인 부모 유형이고, 가정을 위해 지칠 줄 모르는 배필 유형이다. 지금도 에녹 오빠는 내가 부탁한 적도 없는데 자기가 먼저 집안일을 전부 맡아 해준다. 청소기를 돌리는 것부터 화장실 청소, 쓰레기 분리수거, 빨래를 돌리고 널고 개기까지, 에녹 오빠는 콧노래를 부르며 열심을 다해 가정을 위해 헌신한다. 나는 하나님의 섭리하심에 참으로 놀랐다. 때때로 가정보다 하나님의 일을 더 우선시하는 나에게 에녹 오빠는 나의 부족한 점을 채워줄 수 있는 사람인 것이다.

에녹 오빠를 만나면서 하나님께 가장 놀랐던 것이 있다. 내가 사귀었던 전 남자친구와 호감이 갔었던 남자들의 장점을 에녹 오빠가 모두 갖고 있기 때문이다. 전 남자친구는 응용수학 전공이었다. 생각이 이성적이고, 섬세하고, 수학적인 계산이 빨라서 나의 부족한 부분을 채워주었다. 하지만 동시에 너무 이성적이어서 나를 피곤하게 만들기도 했었다. 하지만, 에녹 오빠는 똑같은 이성적인 사고와 계산적인 능력이 있는데도 감성적인 마음이 있다. 나에게는 정말 환상의 짝꿍이다. 그리고 내가 에녹 오빠를 만나기 전에 좋아했지만, 결국 하나님의 말씀에 순종하여 끊어낸 두 번째 사람은 감성적인 사람으로서 나에게 손 편지를 자주 써주었다. 무뚝뚝한 전 남자친구와 달리 이 사람은 자기의 마음을 글로 표현하는 사람이었다. 그런데 운동만 할 것 같이 생긴 에녹 오빠는 틈만 나면 나에게 손 편지를 써주고 하루에 한번씩 꼭 사랑한다는 장문의 문자를 보내준다. 그뿐만 아니라, 에녹 오빠는 말로 교감하는 것을 좋아한다. 그래서 우리의 대화의 70%는 거의 에녹 오빠의 차지다. 조잘조잘 싱글벙글 웃으며 얘기하는 에녹 오빠를 보고 있으면 나도 행복해진다. 에녹 오빠를 바라보시는 하나님은 얼마나 행복하실까? 에녹 오빠는 나에게도 하나님에게도 사랑스러운 존재이다.

그 외에도 에녹 오빠는 나의 빈약한 점을 잘 채워준다. 옷에 관심 없는 나에게 알아서 옷을 사다주고, 내가 모르는 회계적

인 사무 능력에 능숙하며, 내가 어려워하는 기계도 잘 다룬다. 또 내가 좋아하는 운동과 음악을 좋아하는 등 에녹 오빠는 하나님의 살아계심을 나타내는 나의 기도응답이다.

셋째, 에녹 오빠는 무슨 일을 하든지 주께 하듯 한다. 에녹 오빠는 미국에서 유학하는 동안, 여름과 겨울 방학마다 한국에 들어오면 늘 아르바이트를 해왔다. 돈에 급급해서 일을 한 것은 아니지만 자기에게 주어진 시간을 허비하고 싶지 않기 때문이었다. 방학마다 미국과 한국을 넘나든 8년 동안, 에녹 오빠는 마트 주차 관리부터 패스트 푸드 주방 일, 편의점, 봉제공장, 그리고 데리야끼 식당까지 안 해 본 일이 없다. 그런데 더 놀라운 것은 업종마다 말단직원으로 시작해서 한두 달 만에 대리까지 진급했다는 것이다. 급기야 방학이 끝나서 미국으로 돌아가야 하는 에녹 오빠에게 모든 사장님들이 한결같이 주급을 더 올려줄 테니 같이 일하자고 제안할 정도였다.

알고 보니, 마트에서 주차 관리할 때는 보통 사람이 열 카트를 끌 때 에녹 오빠는 열일곱 카트를 옮겼고, 패스트 푸드점에서 일할 때는 보통 사람이 무거운 냉동식품을 옮기기를 꺼려할 때 에녹 오빠는 몸을 사리지 않고 한 번에 몇 박스씩 옮겼던 것이다. 편의점에서 일할 때는 보통 사람은 진열된 상품이 다 팔린 후에야 재진열할 때 에녹 오빠는 상품이 팔리자마자 즉시 채워 넣었고, 봉제공장에서 일할 때는 보통 사람이 하루에 주어진 포장량만 채우고 갈 때 에녹 오빠는 주어진 일만 끝낼 뿐 아니라 대리의 업무까지 대신 봐주어 나중에는 사장이 공장 열쇠까지 맡겨줄 정도로 신뢰한 직원이었던 것이다. 일반적으로 자신에게 주어진 업무만 하는 사람들에 비해 사장님 눈에 들어오는 것은 당연한 일인지 모른다. 마지막으로 일한 미국의 데리야끼 식당에서는 사장님이 가계부와 통장 비밀번호까지 공유했을 정도로 에녹 오빠에게 사업을 믿고 맡겼다. 시간만 때우고 돈을 벌려는 오늘날의 젊은이들 사이에서 에녹 오빠는 무슨 일을 하든 주께 하듯 한다. 하나님은 오빠의 성실함과 정직성을 높게 평가하시고, 그에게 관리와 리더십의 탁월한 은사를 주셨다. 마치 요셉처럼 말이다.

내가 에녹 오빠를 위해 기도할 때마다 하나님께서 연상시키시는 성경인물이 있다. 바로, 요셉이다. 요셉은 야곱의 열한 번째 아들로서 관리인들만 입는 긴 채색 옷을 입고 야곱에게 가장 사랑받는 아들이었다. 그런데 17살의 어린 나이에 요셉은 시기하는 형들에 의해 애굽에 노예로 팔려가고, 바로의 친위대장 보디발의 집에서 종이 된다. 형들에게 배신을 당하고, 부유한 집안의 아들에서 노예로 팔려간 요셉은 절망적이었을 것이다. 종의 신분으로 애굽에 끌려온 요셉은 당시 애굽의 언어와 문화도 모르고 한순간 변한 절망적인 현실에 모든 것을 포기하고 싶은 마음이었을 것이다. 자신의 삶을 한탄할 수도 있었을 것이다. 왜 나에게 이런 일이 일어난 것이냐고 원망할 수도 있었을 것이다.

요셉은 이런 상황에서 자신의 삶을 포기하기 않았다. 하나님께 한탄하거나 원망하지도 않았다. 오히려 하나님과 함께하는 삶을 살았다. 하나님은 요셉이 부유한 집안의 아들일 때도 애굽의 노예일 때도 함께하셨다. 하나님께서 요셉과 함께하시므로 그는 범사에 형통하게 되고, 이것은 하나님을 믿지 않는 세상 사람인 보디발의 눈에도 보였다. 보디발은 노예인 요셉에게 자기 집안의 집사로 모든 소유물을 위탁한다.

> "요셉이 그의 주인에게 은혜를 입어 섬기매 그가 요셉을 가정 총무로 삼고 자기의 소유를 다 그의 손에 위탁하니."
>
> (창 39:4)

작은 일에 충성된 자에게 하나님은 더 큰 일을 준비하신다.

그래서 하나님은 한 가정의 총무로서 충성된 요셉을 한 나라의 총무로 세우기 위해 보디발의 아내로 인한 억울한 누명을 허락하시고 감옥에 들어가게 하신다. 요셉의 나이 28세였다. 17세부터 11년 동안 보디발을 위해 충성한 요셉의 입장에서 정말 억울한 상황이었다. 노예에서 죄수가 된 것이다. 요셉의 삶이 더 나락으로 떨어진 것이다. 하지만 요셉의 삶은 하나님께서 계획하신 삶이다.

요셉이 갇힌 감옥은 애굽의 정치인들만 수용하는 감옥이었다. 당연히 요셉이 거할 수 없는 곳이었다. 하지만 하나님께서는 요셉을 이곳으로 보내셨고, 이곳에서 하나님은 요셉에게 애굽의 정치와 법을 배우게 하신다. 이해할 수 없는 하나님의 인도하심 가운데, 요셉은 또다시 주어진 일에 충성을 다한다. 그리고 요셉은 그와 함께하시는 하나님으로 말미암아, 그에게 감동한 간수장으로부터 옥중 죄수와 그 제반 사무까지 위탁받는다.

> "간수장은 그의 손에 맡긴 것을
> 무엇이든지 살펴보지 아니하였으니
> 이는 여호와께서 요셉과 함께 하심이라
> 여호와께서 그를 범사에 형통하게 하셨더라."
>
> (창 39:23)

하나님께서는 세상 사람들이 생각할 때 희망이 존재하지 않는 이 곳에서 요셉을 위한 최고의 만남을 성사시키신다. 요셉은 술 맡은 관원장과 떡 굽는 관원장의 꿈을 해석 해준다. 그리고 2년 후, 애굽의 왕 바로의 꿈을 해석하고 30살에 애굽의 총리가 된다.

> "요셉이 애굽 왕 바로 앞에 설 때에 삼십 세라
> 그가 바로 앞을 떠나 애굽 온 땅을 순찰하니."
> (창 41:46)

요셉은 그와 함께하시는 하나님으로 말미암아 노예의 신분에서 한 집안을 관리하는 가정총무로, 죄수에서 감옥의 제반 사무를 관리하는 사람으로, 그리고 더 나아가 한 국가를 관리하는 국무총리가 된다. 정직하고 성실하게 주께 하듯 모든 일을 한 13년의 시간은 허비된 시간이 아니었다. 한 국가의 사업과 재정을 관리할 수 있는 능력과 근성을 성장시킨 하나님의 완전한 계획이었다. 이 완전한 계획은 하나님께서 아브라함과 처음 맺은 언약을 이루시기 위해 어린 요셉을 애굽에 보내셨던 것이다. 국무총리가 된 요셉을 통해 이스라엘의 12아들을 애굽이라는 자궁 속에서 한 민족으로 키운 것이다.

에녹 오빠는 요셉과 공통점이 많다. 에녹 오빠는 야곱의 무조건적인 사랑을 받은 요셉같이 할머니의 무조건적인 사랑을 받았다. 어릴 때 부모를 떠나 타지에서 생활한 요셉같이 미국에서 외로운 유학 생활을 보냈다. 모든 일에 성실한 요셉같이 작은 일에도 항상 주께 하듯 한다. 에녹 오빠를 향한 하나님의 뜻은 분명히 존재한다. 에녹 오빠는 앞으로 록펠러를 능가하는 기업가 겸 말씀 사역자로서, 사단이 뺏어간 모든 재정을 탈환하고 세계선교를 위한 요셉의 창고가 될 것이다. 또한, 주님과의 깊은 교제를 통해 하나님께서 함께하시는 성령의 사람이 되어서, 왕들의 꿈을 해석하고 상담하는 전략가가 될 것이다. 이것이 에녹 오빠를 향한 하나님의 계획이다. 그리고 남편을 위해 부르짖어 기도하는 아내에게, 하나님은 이처럼 크고 은밀한 일들을 공유해주신 것이다.

> "너는 내게 부르짖으라 내가 네게 응답하겠고
> 네가 알지 못하는 크고 은밀한 일을 네게 보이리라."
>
> (렘 33:3)

chapter 14

결혼 전,
2가지 체크리스트

결혼 전, 2가지 체크리스트

나는 어렸을 때부터 일찍 결혼하고 싶었다. 대학교에 진학한 후, 이성에게 잘 보이기 위해 이전에는 큰 관심을 두지 않던 노력들을 시작했다. 태생적으로 동그란 얼굴은 다이어트로 갸름한 얼굴로, 티셔츠와 추리닝을 벗어던지고 원피스와 치마 같은 여성스러운 옷을 입었다. 주근깨 예방을 위해 선크림 하나만 바르던 초중고 시절과 달리 쿠션과 립스틱이라는 것을 처음으로 바르기 시작했다.

하지만 대학을 졸업한지 2년째 되는 해, 나는 공부와 사역을 병행하느라 틈틈이 해왔던 운동을 소홀히 하면서 갸름했던 얼굴은 다시 보름달이 되었고, 365일 칙칙한 검은 정장만 입고 다녔다. 화장도 피부 트러블 때문에 제대로 할 수 없었다. 그런 상황에서 에녹 오빠를 만났다.

겉으로 보이는 외모가 결혼 전 준비해야하는 가장 중요한 체크리스트라면, 나는 에녹 오빠와 결혼할 수 없었을 것이다. 외모에 결점이 있음에도 내가 에녹 오빠 앞에 자신있게 다가가고, 에녹 오빠의 마음을 얻을 수 있었던 것은 내 안에 보이지 않는 준비가 두 가지 되어 있었기 때문이다. 눈에는 보이지 않지만, 눈에 보이는 외면조차 능가하는 두 가지는 바로 신앙을 키우는 것과 꿈을 찾는 것이다.

- **결혼 전에 반드시 해야 할 것: 첫째, 신앙을 키우자**

나는 사랑제일교회의 교역자들을 존경한다. 그중 이영한 전도사님에게 많은 도전을 받는다. 그 까닭은 이영한 전도사님도 결혼 앞에 자신의 지정의를 죽이고 하나님의 뜻을 선택한 사람 중 한 명이기 때문이다. 지정의는 아무나 죽일 수 있는 것이 아니다. 독립된 지정의를 죽이고 자신의 인생 전부를 하나님께 던지는 사람은 거저 그렇게 되는 것이 아니다. 하나님께 순종하기까지 얼마나 많은 시간을 하나님을 사모하고 그분과 동행했는지 알 수 있다. 지금 당장 우리 눈에 보이지 않더라도 연단의 시간이 있었을 것이다. 쉽게 말해, 지정의를 반납하는 것은 한순간의 결단이 아니다. 하나님과의 지속적인 관계의 열매다. 그렇기 때문에 지정의를 죽이고 하나님의 뜻을 따른 이영한 전도사님에게 많은 도전을 받는다.

어느 날, 이영한 전도사님께서 본인의 유튜브 채널에서 이 같은 말씀을 전하신 적이 있다.

"좋은 사람을 만나려면, 내가 먼저 좋은 사람이 되어야 해요."

대부분의 사람들은 좋은 사람을 찾는다. 하지만, 본인 스스로 좋은 사람이 되려고 노력하지 않는다. 사자성어 중 유유상종(類類相從)이라는 말이 있다. 하수구에는 파리가 꼬이고 꽃에는 나비가 몰리듯, 우리는 자기와 같은 부류의 사람을 만나게 된다. 좋은 냄새가 나는 사람은 향기로운 사람에게 끌린다. 따라서 좋은 사람을 만나려면, 내가 먼저 향기로운 사람이 되어야 한다.

그렇다면, 우리는 어떻게 향기로운 사람이 될 수 있을까?

"항상 우리를 그리스도 안에서 이기게 하시고
우리로 말미암아 각처에서 그리스도를 아는 냄새를 나타내시는
하나님께 감사하노라 우리는 구원 받는 자들에게나
망하는 자들에게나 하나님 앞에서 그리스도의 향기니."

(고후 2:14-15)

향기로운 사람은 외모와 머리가 뛰어난 사람이 아니라 예수님을 아는 사람이다.

예수님을 안다는 것은 결국 우리의 신앙을 의미한다. 많은 사람들은 신앙생활을 예배를 참석 하는 횟수, 기도하는 시간의 분량, 성경책을 읽은 횟수 등 겉으로 보이는 행위적인 것으로 생각한다. 물론, 이것이 틀린 것은 아니다. 하지만, 우리의 신앙생활에는 목적이 있다. 우리가 예배를 참석하고 주야로 부르짖으며 기도하고 성경을 읽는 모든 목적은 예수님과의 연합을 통해 하나님 아버지께로 나아가는 것이다.

> "예수께서 이르시되 내가 곧 길이요 진리요 생명이니 나로 말미암지 않고는 아버지께로 올 자가 없느니라."
> (요 14:6)

　모든 신앙생활의 최종 목적지는 하나님 아버지를 아는 것이다. 하나님 아버지를 인격적으로 알아갈수록 우리는 하나님의 사랑으로 채워지고, 선악과 사건으로 인해 깨져버린 하나님의 형상을 다시 회복할 수 있다. 하나님의 사랑은 내 안에 있는 모든 목마름을 해결해 주고, 나에게 자녀로서의 영적인 권세를 회복시켜준다. 그래서 하나님의 사랑을 아는 사람 만이 사람으로부터 사랑을 갈구하지 않을 수 있고, 남들의 인정에 목말라 하지 않을 수 있다. 하나님의 사랑을 아는 사람만이 언제 어디서나 자신감이 가득할 수 있고, 그의 얼굴은 늘 행복해 보일 수 있다. 이런 사람을 우리는 향기로운 사람이라 일컫는다. 이런 삶은 죽은 후에야 누리는 천국이 아니라 이 땅에서 미리 누리는 천국의 삶, 곧 새 예루살렘의 삶이다.

좋은 사람을 만나기 위해 내가 먼저 좋은 사람이 되어야 하는 또 하나의 이유는 내가 신앙적으로 바로 설 때, 나와 똑같이 하나님의 말씀과 뜻대로 살기 위해 노력하는 향기로운 사람을 알아볼 수 있기 때문이다. 나는 초등학교 6학년부터 30가지의 기도제목을 두고 배우자를 위해 기도해왔었다. 하지만 어느 순간 보니, 하나님께서 나를 먼저 30가지의 기도제목에 합한 사람으로 정금같이 빚어 놓으셨다. 그래서 내가 에녹 오빠를 처음 만났을 때도, 에녹 오빠를 향한 하나님의 뜻과 계획을 영적으로 깨닫고 에녹 오빠에게 적극적으로 다가갈 수가 있었고, 나에게 있는 그리스도의 향기에 에녹 오빠의 마음도 열린 것이다. 우리는 결혼 전, 반드시 하나님과의 관계 안에서 신앙을 키워야 한다.

- **결혼 전에 반드시 해야 할 것: 둘째, 꿈을 찾자**

꿈은 우리가 매일 살아가는 삶의 현장 속에 큰 영향을 끼친다. 우리는 꿈을 통해 요셉처럼 죄의 유혹을 이기고, 환경을 초월하며, 무엇보다도 하나님께서 태초부터 예비하신 단 한 명의 배우자를 알아볼 수 있다.

나에게도 꿈이 있었다는 것이 결국 하나님께서 예비하신 배우자를 알아볼 수 있었던 결정적인 이유가 되었다. 내가 전 남자친구와의 이별을 결심한 것도, 그리고 그 후에 좋아한 사람에 대한 감정을 깨끗이 정리한 것도 그들이 하나님께서 나에게 주신 꿈을 함께 이룰 자들이 아니었음을 깨달았기 때문이다. 그리고 단 한 번도 만난 적 없는 에녹 오빠와 결혼하기로 결단한 것 역시, 이 사람이야말로 하나님께서 나에게 주신 꿈을 같이 품을 수 있는 사람이라는 것을 깨달았기 때문이다. 이 응답은 한순간의 이성적 판단도 아니었고, 감정의 변화도 아니었다. 이 응답은 내가 지난 10년 동안 하나님으로부터 받은 꿈을 위해 기도함으로써 쌓인 확신이었다. 그리고 에녹 오빠가 나의 미래 배우자일 것에 대한 확신은 '시부모님'에 대한 하나님의 응답이었다.

나는 어렸을 때부터 설날에는 만둣국, 구정에는 전, 이 같은 평범한 가정에 시집가고 싶지 않았다. 나는 하나님을 위해 일생을 사역하고 싶었기 때문에, 사역에 큰 기둥이 되어줄 수 있는 시부모님을 위해 늘 기도했었다. 남편의 신앙도 중요하지만, 나에게는 시부모님의 신앙이 더 중요했다. 처음 만나는 사람을 단숨에 파악할 수 있는 방법은 그 사람의 부모님과 대화하는 것이라고 어렸을 때부터 익히 들어왔다. 모든 자녀는 부모의 열매이기 때문에, 사람은 그 부모를 통해 알 수 있다.

어렸을 때부터 나는 나의 가족과 같은 레위 집안의 사람과 결혼하고 싶었다. 다른 말로, 나는 목회자 자녀와 결혼하고 싶었다. 하지만 시간이 지날수록, 나는 일개 교회의 사모로만 사는 것이 오히려 여성 사업가와 국가적인 지도자가 되고 싶은 나의 비전을 막는 것 같아 이 같은 마음을 접은 적이 있다. 그런데 2020년 8월, 사랑제일교회 당회장실에서 처음 뵌 전광훈 목사님은 나에게 신선한 충격이었다. 그것은 일개 교회의 목사님 속에 내가 10년 동안 기도하고 그려오고 꿈꿔왔던 모든 비전이 들어있었기 때문이다. 그 속에는 예수님에 대한 말씀, 세계를 향한 비즈니스 선교, 그리고 대한민국을 살릴 예수한국과 복음통일이 들어있었다. 나는 나의 꿈과 일치하는 전광훈 목사님에 대한 확신이 생겼고, 나중에는 그 확신이 에녹 오빠에 대한 확신까지 주었다.

만약 나에게 이 같은 꿈이 없었더라면, 나는 에녹 오빠를 알아보는데 더 많은 시간을 낭비했을 것이다. 꿈은 배우자를 알아보는데 가장 중요한 요소 중 하나이다. 하지만, 이것 외에도 우리에게 꿈이 반드시 있어야 할 몇 가지의 이유가 있다.

우리가 상상하는 것 이상으로 많은 사람들은 꿈의 필요성을 모르며 살아간다. 꿈이 없어도 좋은 직장을 다닐 수 있고, 멋진 배우자를 만나 가정을 꾸릴 수 있으며, 원하는 것을 전부 가질 수 있다. 그런데 굳이 왜 꿈이 필요하다는 말인가?

첫째, 꿈이 있는 것과 없는 것은 현재를 대하는 우리의 태도에 매우 큰 영향을 준다. 현재를 대하는 태도에 따라서 우리의 과거와 미래의 시간도 결정되는데, 그 태도는 바로 꿈의 있고 없음의 차이다. 꿈이 없는 사람은 현재의 시간을 대할 때, 과거의 실패에 연연하고 미래에 대한 걱정으로 가득하다. 반면에 꿈이 있는 사람은 현재의 시간을 대할 때, 과거의 잘못된 결정도 바로잡고 다가올 미래에도 승리하게 된다. 꿈은 우리의 미래뿐 아니라 과거까지도 결정 짓는 태도이기 때문에 반드시 필요하다.

둘째, 꿈이 없는 삶은 하나님께서 창조하신 인간의 본연의 모습이 아니다. 하나님은 우리를 창조하실 때, 하나님의 형상과 모양대로 창조하셨다. 이것은 눈에 보이지 않는 하나님을 우리가 육적으로 닮았다는 것이 아니라 성품적으로 그분의 형상을 닮았다는 것이다.

> "하나님이 이르시되 우리의 형상을 따라 우리의 모양대로 우리가 사람을 만들고 그들로 바다의 물고기와 하늘의 새와 가축과 온 땅과 땅에 기는 모든 것을 다스리게 하자 하시고."
>
> (창 1:26)

하나님은 어떤 분이신가? 하나님은 창조주, 능력자, 위로자뿐만 아니라, 비저너리(Visionary)이시다. 하나님은 '인류구원'이란 비전을 향해 전진하는 분이시다. 하나님의 자녀로 지음 받은 우리가 꿈과 비전이 있는 것은 당연한 우리의 원래 모습이다.

우리는 모두 자라오면서 작은 꿈들이 있었다. 초등학교 때 나의 꿈은 선생님이었고, 에녹 오빠는 환경미화원 운전기사였다. 나는 칠판에 글을 써가며 아이들에게 많은 지식을 가르치는 선생님들이 너무 멋있었고, 에녹 오빠는 동네에서 제일 큰 차를 몰고 다니는 운전기사 환경미화원 아저씨가 멋있었다. 이렇게 우리는 자라오면서 자신만의 개성이 있고 순수한 꿈들이 생긴다. 하지만, 어느 순간부터 우리는 이 작은 꿈조차 보지 못하기 시작한다. 꿈을 보지 못하는 데는 반드시 그 이유가 있는 법이다.

꿈이 많던 아이가 꿈을 보지 못하는 어른이 되는 이유는 우리의 성장 과정 가운데 누군가가 그 꿈의 날개를 잘라 버렸기 때문이다. 누군가의 날카로운 지적으로, 혹은 세상의 가치관으로 비춰지는 우리의 모습 때문에, 우리는 우리 자신에게 소망을 찾을 수 없다고 생각한다. 더 나아가 아예 꿈을 꿀 생각도 하지 않게 된다. 꿈 많은 아이가 꿈 많은 청년으로 성장하기까지 부모의 역할이 굉장히 중요하다. 쉽게 말해, 우리의 꿈을 키워주는 사람은 결국 부모다. 부모가 자녀의 실수를 용납하고 재능을 인정하며 발전을 격려하면, 그 자녀는 회복탄력성 (resilience)이 생겨서 어떤 위기든 넘기고 새로운 일을 도전할 수 있는 사람이 된다.

회복탄력성은 실패에 대한 인식을 도약의 발판으로 삼아 이

전보다 더 높이 뛰어 오르는 마음의 근력을 뜻한다. 실제로 어느 아동심리학 연구에 따르면, 부모로부터 무조건적인 격려를 받은 아이들은 그렇지 못한 아이들에 비해 어려운 난관이나 문제를 풀어나가는데 거침이 없다. 하지만 부모로부터 결과에 따른 칭찬을 받거나 격려보다 지적을 많이 받아 온 아이들은 문제 풀기를 주저하고 피한다. 똑같이 유능한 아이라 할지라도, 부모의 언어와 행동에 따라서 어떤 아이는 노벨상 수상자가 될 수 있고, 어떤 아이는 꿈이 없는 방랑자가 될 수 있다. 부모라면, 자녀가 무언가에 흥미를 가지고 도전을 시도할 때 곁에서 기쁘게 반응해주고 지혜롭게 인도해줘야 한다. 부모라면, 자녀가 꿈이 생겼을 때 곁에서 격려해주고 믿어 줘야 한다.

부모는 꿈을 주는 존재가 아니라 꿈을 격려해주고 키워주는 존재다. 그렇다면 도대체 꿈은 어떻게, 또 누구에게서 찾는 것일까?

이 세상의 모든 물건은 만들어진 목적이 있다. 수저를 담는 수저통부터 빨래를 널어놓는 건조대까지, 모든 물건은 발명자의 목적에 따라 만들어진 것이다. 사람도 마찬가지다. 우리가 하나님으로부터 지음을 받아 부모를 통해 이 땅에 보내진 것은 반드시 목적이 존재한다. 이 같이 하나님은 분명한 목적을 두고 사람을 창조하셨으며, 우리는 그 목적을 하나님께서 우리에게 주시는 꿈, 혹은 '부르심'이라고 일컫는다.

　꿈은 나를 창조하신 하나님을 만날 때 생긴다. 꿈은 나를 창조하신 분이 나를 향한 그분의 계획을 나에게 말씀해주실 때 생긴다. 하지만 많은 사람들은 하나님이 주시는 꿈을 버겁게 생각한다. 하나님이 주시는 꿈은 나를 힘들게 할 것만 같고, 하기 싫은 것을 억지로 시킬 것만 같다고 생각한다. 하지만 우리는 기억해야 한다. 하나님은 우리의 아버지이시다. 지금은 이해하기 힘들지라도, 부모가 자녀에게 가장 좋은 것을 주듯이 하나님은 우리에게 부모보다 더 최고의 것을 주기를 원하신다. 그것을 깨닫기 전까지 누구나 두려워할 수 있다. 하지만 하나님의 성품을 신뢰하고 하나님께 나아가는 것을 우리는 '믿음'이라고 한다.

"믿음이 없이는 하나님을 기쁘시게 하지 못하나니
하나님께 나아가는 자는 반드시 그가 계신 것과 또한
그가 자기를 찾는 자들에게 상 주시는 이심을 믿어야 할지니라."

(히 11:6)

 나는 초등학교 6학년부터 목회자와 선교사를 후원하는 세계적인 여성 CEO가 되고 싶었다. 하지만 당시, 나는 꿈을 달라고 하나님께 근엄하게 기도하거나 매달리지 않았다. 내가 한 것은 꿈의 주인이 되신 하나님을 인격적으로 만나는 것이었다. 나는 초등학교 6학년 때 엄마가 보내준 사사학교 여름 성경캠프에서 방언의 은사와 함께 예수님의 십자가 사건이 처음으로 피부로 와 닿는 체험을 했다. 나는 예수님의 십자가 사건을 통해 죄인인 나를 사랑하시는 하나님을 폭포수처럼 쏟아지는 눈물로 체험했고, 그 사랑은 나에게 살아갈 목적을 제시 해주셨다. 나는 하나님의 사랑을 깨닫는 순간부터 나를 가장 사랑하시는 하나님을 위해 살고 싶었다.

　이처럼, 꿈을 찾는데도 순서가 있다. 교회에서도 새신자에게 바닥 청소하라고 물걸레를 건네주지 않는 것처럼, 꿈을 찾는데도 하나님에 대해 아무것도 모르는 사람에게 꿈과 비전을 강요해서는 안 된다. 그것이 설령 나의 자녀라 할지라도 말이다.

　하나님에 대한 사랑이 없으면, 꿈을 받을 수 없다. 하나님의 사랑에 대한 감격이 없는 아이에게는 부모와 목사님을 통해 듣는 하나님의 계획은 버겁고 무겁기만 하다. 하지만 하나님의 사랑을 체험하면, 달라진다. 하나님을 너무 사랑하기 때문에 하나님을 위한 일을 하고 싶고, 그 분이 나를 향한 계획을 말씀해주실 때 그분을 신뢰할 수 있게 된다. 똑같은 꿈을 받아도, 하나님의 사랑을 모르는 사람에게는 그 꿈이 짐 덩어리가 된다. 하지만 하나님의 사랑을 아는 사람에게는 그 꿈은 성령의 날개를 타고 비상하는 삶으로 이끈다. 즉, 하나님의 사랑을 아는 사람만이 하나님을 신뢰하고, 그 꿈이 얼마나 나에게 큰 축복을 주는지 깨달을 수 있다.

"오직 여호와를 앙망하는 자는 새 힘을 얻으리니
　독수리가 날개치며 올라감 같을 것이요
　달음 박질하여도 곤비하지 아니하겠고
　걸어가도 피곤하지 아니하리로라."

(사 40:31)

　어린 나이에 꿈을 준 것 이상으로, 하나님의 사랑은 나를 적극적으로 변화시켰다. 나는 매일 자발적으로 말씀을 읽고 예배하기 시작했고, 교회에서 봉사하는 등 하나님을 알아 가는데 열심을 다했다. 신앙생활뿐만 아니라 학업도 최선을 다해 공부했다. 더 나아가, 하나님은 나의 재능과 은사들을 놀랍게 성장시키셨다.

　솔직히 말해, 나는 원래 최선을 다하는 아이가 아니었다. 그렇다고 해서, 남들보다 머리가 특출나거나 똑똑한 것도 아니었다. 나는 극히 평범한 아이였다. 하지만 초등학교 6학년 때, 하나님을 인격적으로 체험하고 꿈을 위해 공부를 열심히 해야겠다는 목적이 생겼다. 그 이후로, 나에게 공부는 더 이상 부담스러운 것이 아니었다. 오히려 즐거운 것이었고, 가난한 가정 형편 때문에 친구들처럼 학원은 못 다녔지만 모든 환경을 초월할 수 있는 믿음이 생겼다. 그 믿음으로 매년 학비로 3천만 원 가량이 필요한 사립 중고등학교를 장학지원으로 다녔고, 매년 7천만 원이 필요한 사립 대학교를 전액 장학생으로 다녔다. 또한, 하나님을 사랑하는 마음으로 교회에서 열심히 봉사를 하니, 내 안에 지혜와 예술적인 달란트가 30배, 60배, 100배로 성장했다. 피아노, 바이올린, 성가대 지휘, 주일학교 중고등부 교사, 포스터 디자인, 영상 제작, 작곡 등 하나님을 사랑하고 그 사랑 안에서 적극적으로 사는 나에게 성령님은 그분의 능력을 마음껏 펼쳐 주셨다.

이 같은 적극적인 태도도, 꿈과 달란트의 개발도 하나님의 사랑으로부터 시작된다. 그렇기 때문에 우리에게는 반드시 하

나님을 인격적으로 체험하는 시간이 필요하다. 하나님에 대한 사랑이 없으면, 모든 것은 의무화되고 짐처럼 느껴지기 마련이다. 하지만 누군가를 사랑할때 그 사람을 위해서는 뭐든지 할 수 있는 것처럼, 하나님의 사랑을 깨닫는 순간, 우리는 공부뿐 아니라 목숨까지도 그분을 위해 불사할 수 있게 된다.

"누가 우리를 그리스도의 사랑에서 끊으리오
환난이나 곤고나 박해나 기근이나 적신이나 위험이나 칼이랴."
(롬 8:35)

그렇다면, 어떻게 하나님의 사랑을 체험할 수 있을까?

chapter 15

네 가지 밭의 비유

네 가지 밭의 비유

많은 크리스천들은 말씀을 많이 읽고 기도를 많이 해도, 하나님의 사랑을 느끼지 못한 채 신앙생활을 한다. 왜 그런 것일까? 하나님의 사랑이 조건적이어서 그런가? 하나님의 사랑이 동등하지 못하기 때문인가? 절대 아니다. 이 질문의 해답은 마태복음 13장에서 예수님께서 말씀하신 네 가지 밭의 비유를 통해 발견할 수 있다.

> "예수께서 비유로 여러 가지를 그들에게 말씀하여 이르시되 씨를 뿌리는 자가 뿌리러 나가서 뿌릴새 더러는 길 가에 떨어지매 새들이 와서 먹어버렸고 더러는 흙이 얕은 돌밭에 떨어지매 흙이 깊지 아니하므로 곧 싹이 나오나 해가 돋은 후에 타서 뿌리가 없으므로 말랐고 더러는 가시떨기 위에 떨어지매 가시가 자라서 기운을 막았고 더러는 좋은 땅에 떨어지매 어떤 것은 백 배, 어떤 것은 육십 배, 어떤 것은 삼십 배의 결실을 하였느니라."
>
> (마 13:3-8)

마태복음 13장에서 예수님은 네 가지 밭에 씨를 뿌리는 자의 비유를 말씀하신다. 이 비유 속에는 씨앗과 네 가지의 밭이 등장한다. 씨는 하나님의 말씀이다. 씨를 뿌리는 자는 추수할 때를 위해 네 가지 밭에 똑같이 씨를 뿌린다. 하지만 똑같은 씨앗이어도, 어떤 밭은 씨앗을 흡수하지도 못한 채 추수가 끝나버리고, 어떤 밭은 뿌려진 씨앗을 전부 흡수하여 백배의 결실을 맺는다. 밭은 무엇을 상징하며, 밭마다 결실이 다른 이유가 무엇일까? 밭은 우리의 마음을 의미하는데, 사람마다 마음의 상태가 다르다. 쉽게 말해, 하나님은 우리 모두를 100% 사랑하시지만, 그 사랑을 느끼지 못하는 것은 마음의 밭에 문제가 있기 때문이다. 하나님의 사랑을 느끼지 못하는 마음은 어떤 마음일까? 예수님은 이것을 네 가지의 밭으로 설명하신다.

첫 번째, 길가 밭은 사람들이 너무 많이 밟고 지나가서 단단하게 굳어져 있는 땅이다.

"아무나 천국 말씀을 듣고 깨닫지 못할 때는 악한 자가 와서 그 마음에 뿌려진 것을 빼앗나니 이는 곧 길 가에 뿌려진 자요."
(마 13:19)

길가 밭은 씨를 뿌려도 뿌리를 내릴 수 없을 정도로 단단하게 막힌 땅이다. 그 밭에 씨를 뿌리면 새들이 와서 먹어 버린다. 하나님의 말씀을 들어도 그 마음이 이미 세상에서 너무 많이 밟히고 완악하게 굳어져 있어 하나님의 말씀이 가슴으로 스며들지 못한다. 단지 머리에만 잠시 머물렀다가 새 곧 악한 사단이 와서 먹어 버린다. 사람들로부터 밟혔다는 것은 아래와 같은 말들을 들으며 자라온 것이다.

"너는 안 돼."

"너는 못해."

"너는 구제불능이야."

"너는 태어나지 말았어야 해."

"너는 네 아빠를 꼭 닮았어."

"이 웬수야."

길가 밭의 마음은 사람들의 말로 인해 하나님의 말씀이 와 닿지 않는 마음을 의미한다. 하나님은 나에게 '나의 사랑, 내 어여쁜 자야' 라고 하시지만, 정작 나는 그 말씀을 받아들이지 못한다.

'하나님은 왜 나 같은 걸 사랑하실까?'

'하나님은 나 같은 것에는 관심 없으실 거야.'

'하나님의 사랑은 내가 아니라, 쟤한테만 적용될 거야.'

두 번째, 돌 밭은 돌이 가득해 씨의 뿌리가 깊이 자랄 수 없어 강한 햇살에 의해 씨앗이 말라 죽는 땅이다.

> "돌밭에 뿌려졌다는 것은 말씀을 듣고 즉시 기쁨으로 받되
> 그 속에 뿌리가 없어 잠시 견디다가 말씀으로 말미암아
> 환난이나 박해가 일어날 때에는 곧 넘어지는 자요."
> (마 13:20-21)

이것은 우리의 마음에 돌들이 있다는 것을 말한다. 돌은 사건과 사고, 또 사람으로부터 생긴 상처를 의미한다. 상처는 부모의 잦은 싸움, 부모의 이혼, 가정폭력, 학교에서의 왕따, 성폭행, 집안의 부도, 부모님의 일찍 돌아가심 등, 내 삶에서 일어나는 상처의 사건들이다. 이런 상처로 인해 우리는 하나님에 대한 왜곡된 시선이 생긴다. 이것은 결국 하나님의 말씀이

우리의 마음속에 스며들지 못하게 한다. 돌 밭은 교회에서 하나님의 말씀을 들을 때 기쁨으로 받지만, 얼마 지나지 않아 어려운 일이 닥치면 쉽게 무너진다.

'하나님은 나에게 아무런 관심도 없으셔.'

'하나님도 나에게 실망하셨을 거야.'

'하나님도 언젠가 나를 버리실 거야.'

세 번째, 가시떨기 밭은 씨가 뿌리를 내리지만 나중에 가시에 걸려 제대로 자랄 수 없는 땅이다.

> "가시떨기에 뿌려졌다는 것은 말씀을 들으나
> 세상의 염려와 재물의 유혹에 말씀이 막혀
> 결실하지 못하는 자요."
> (마 13:22)

가시떨기 밭은 하나님의 말씀이 세상의 염려와 재물의 유혹에 막혀서 결실을 내지 못하는 마음이다. 가시떨기는 하나님의 말씀 대신 세상의 좋지 않은 씨가 우리의 마음 밭에 뿌려졌다는 것이다. 즉, 하나님의 말씀이 들어오기 전부터 세상의 가치관이 우리를 지배하고 있는 상태이다.

생각해 보자. 일주일은 168시간이다. 그 중에 잠자는 시간을 하루에 7시간으로 가정해서 뺀다면, 140시간이 활동하는 시간이다. 주일 대예배만 참석하는 사람은 1시간만 하나님의 말씀을 듣고, 139시간은 세상의 소리를 듣고 살고 있는 셈이다. 주일 오후예배, 수요예배, 금요예배까지 참석하는 사람은 3시간을 더 뺀 136시간을 세상의 소리를 듣는다. 거기에 새벽기도까지 참석하는 사람은 약 130시간을 세상의 소리를 듣고 살아간다.

우리의 일상생활에서 성경을 읽고, 기도하고, 예배를 드리는 등 신앙생활의 결단이 없으면, 교회를 아무리 열심히 다녀도 세상의 말에 의해 지배당할 수밖에 없다. 우리가 예수님을 영접하는 순간, 오래된 세상의 가치관이 한꺼번에 사라진다고 생각하는 것은 큰 착각이다. 세상의 가치관은 예수님을 영접한 그 순간부터 예수님께서 재림하실 그날까지 기도와 말씀의 훈련으로 늘 점검하고 뽑아내야 하는 부분이다. 그래서 우리는 이스라엘의 교육을 배워야 한다. 이스라엘의 엄마들은 자녀가 초등학교에 입학하기 전까지 집에서 매일 성경만 가르친다. 세상의 문화가 들어오기 전에 어린 아이 속에 하나님의 말씀을 먼저 가득 채워 세상의 소리를 걸러낼 수 있는 능력을 키우는 것이다. 이것이 지혜로운 부모의 모습이다.

네 번째, 좋은 땅은 길가 밭도 아니고, 돌밭도 아니고, 가시떨기 밭도 아니고, 바로 옥토 밭이다.

> "좋은 땅에 뿌려졌다는 것은 말씀을 듣고 깨닫는 자니
> 결실하여 어떤 것은 백 배, 어떤 것은 육십 배,
> 어떤 것은 삼십 배가 되느니라 하시더라."
>
> (마 13:23)

좋은 땅은 농부가 씨를 뿌리면, 땅이 딱딱하지 않아 씨가 뿌리를 내리는데 지장이 없고, 돌이 없어 뿌리를 깊이 내림으로 강한 햇살에도 말라 죽지 않으며, 가시떨기가 없어 자라나는데도 방해가 없는 땅이다. 그래서 30배, 60배, 100배의 결실을 맺을 수 있다. 30배도 절대 적은 결실이 아닌 것을 명심하자.

우리가 하나님의 사랑을 느끼지 못하는 데는 하나님에게 문제가 있는 것이 아니다. 온전히 내 마음에 문제가 있기 때문이다. 하지만, 하나님은 상처로 닫아버린 내 마음을 절대로 강압적으로 열지 않으신다. 하나님께서는 이 밭을 하나님의 것이 아닌, 우리의 것임을 말씀하고 계신다.

> "볼지어다 내가 문 밖에 서서 두드리노니
> 누구든지 내 음성을 듣고 문을 열면 내가 그에게로 들어가
> 그와 더불어 먹고 그는 나와 더불어 먹으리라."
>
> (계 3:20)

하나님은 전능하신 분이지만, 우리의 마음의 문을 절대 억지로 열지 않으신다. 하나님은 강하신 분이지만, 절대 강압적으로

우리의 고통을 무시한 채 마음의 밭을 막무가내로 기경하지 않으신다. 하나님은 온유하신 분이며, 우리의 자유의지대로 하나님께 마음의 문을 열어 주기를 기다리는 분이시다. 해결되지 않은 상처로 인해 묶여버린 인간관계로 하늘의 것을 누리지 못하는 사람이 되지 않도록, 우리는 부지런히 마음의 밭을 기경하여 하나님의 자녀로서 권세와 특권을 이 땅에 풀어내야 한다.

> "진실로 너희에게 이르노니
> 무엇이든지 너희가 땅에서 매면 하늘에서도 매일 것이요
> 무엇이든지 땅에서 풀면 하늘에서도 풀리리라."
> (마 18:18)

우리의 밭, 곧 우리의 마음을 어떻게 좋은 땅으로 만들 수 있을까?

좋은 땅으로 만들기 위해서는 내 땅을 전부 갈아엎어야 한다. 이 작업은 결코 쉬운 일이 아니다. 때론 감춰진 상처를 다시 들추어내야 할 만큼 너무 고통스러워 통곡할 수도 있다. 하지만, 이 작업은 반드시 우리 안에서 일어나야 하며, 한 번으로 끝나지 않는다.

컴퓨터는 사건의 전모를 저장하지만, 사람의 뇌는 사건에 해당되는 고통의 감정까지 저장한다. 이것은 놀라운 일이다. 하지만 시간이 지나면, 뇌에 저장된 이 감정은 무의식 속으로 들어간다. 우리가 단지 의식을 못할 뿐이지 비슷한 사건이 생기면 걷잡을 수 없는 분노를 일으키기도 한다. 그래서 이유 없이 폭발하는 분노, 슬픔, 서러움, 짜증 등 부정적인 감정의 뿌리를 우리 안에서 발견해야 한다. 좋은 땅으로 만들기 위해서 이것을 필히 뽑아내야 한다.

부정적인 감정이 일어나는 경우는 사람마다 다양하다. 비교를 당할 때, 지적을 받을 때, 남이 나를 무시할 때, 불의한 일을 목격할 때 걷잡을 수없는 화가 치밀어 오른다. 이런 화 때문에 친구도 잃고, 부부간에 심하게 다투기도 하며, 가정 안에서 단절이 일어나는 일들이 빈번하게 일어난다. 이와 같은 분노의 감정들의 근본인 뿌리를 찾아가 보면, 대부분 육신의 부모로부터 받은 상처다.

이것은 나 역시 그랬다.

chapter 16

♥

메리야, 아빠가 정말 미안해

메리야, 아빠가 정말 미안해

아빠는 언제나 나에게 큰 자랑거리였다. 아빠는 미국 미시간 주에 있는 캘빈신학대학원에서 공부했다. 그때 나는 목회자 기숙사에서 또래 아이들에게 유명 인사였다. 목회자 자녀인 친구들은 늘 재미있고 따뜻한 아빠가 있는 나를 부러워했다. 나도 아빠가 너무 좋았다. 아빠는 언제나 나에게 무조건적인 사랑을 부어준 존재였다. 내가 실수하면 괜찮다고 토닥여주었다. 길가다가 넘어지면 길을 발로 콕콕 차면서 '우리 메리를 왜 넘어지게 하냐'며, 울고 있는 나를 금세 웃음 짓게 해주었다. 지금 돌아보면, 무조건적으로 인정해주고 사랑해주는 육신의 아빠 덕분에 나는 나의 영적인 아버지 되시는 하나님을 빨리 만난 것 같다. 나에게 하나님 아버지는 언제나 육신의 아버지처럼 따뜻하고 인정이 많으신 분이었다.

그런데 나 스스로 알지 못했던 아빠에 대한 부정적인 감정을 발견한 사건이 있었다. 미국에서 유학생활을 시작한 대학교 1학년 1학기 때였다. 어느 날, 아빠가 미국에 정착한지 얼마 되

지 않은 나에게 전화를 하셨다. 기쁜 마음으로 전화를 받는데, 아빠의 특유한 말이 들렸다. "Hi, Mary! Hold on a sec…(하이 메리! 잠깐만요.)" 전화기를 통해 이 소리가 들리자마자 내 안에 이유 모를 분노가 치밀어 올라왔다. 아빠의 특유한 행동은 그 뒤에 어떤 상황인지 말하지 않아도 뻔한 전개였다.

전도자의 은사를 받은 아빠는 전도하기를 생명보다 사랑한다. 그래서 어렸을 때부터 길을 가다가 외국인만 보이면, 무조건 말을 걸어 그 사람의 번호를 얻으려고 했다. 부족한 언어 때문이었는지 그 일을 나에게 시키셨다. 나는 빨리 집에 가고 싶었지만, 그 사람의 번호를 얻어야만 갈 수 있었기 때문에 연락처를 얻었다. 심지어 내가 아빠 옆에 없을 때는 전화를 몇 십 통이나 걸어서 전혀 모르는 사람이랑 대화를 하게끔 한다. 그때마다 첫 마디가 바로 이거였다.

"Hi, Mary! Hold on a sec... 하이 메리! 잠깐만요..."

화가 치밀어 올라왔지만, 착한 아빠에게 화를 내는 것은 나쁜 것이라 생각하고 분노를 참고 살갑게 통화를 이어갔다. 그런데 문제는 대학교 1학년을 마치고 한국으로 돌아온 여름이 되도록 아빠에 대한 분노가 가라앉지 않았다. 오히려 더 심해졌다. 교회 행사 포스터를 디자인 해달라는 아빠의 작은 부탁에도 화가 났고, 영어로 번역 해달라는 아빠의 긴 문자는 몇 시간 동안 읽지도 않았다. 나는 나 자신을 이해할 수가 없었다. 중고등학교 때만 해도, 아빠가 똑같은 양의 일을 부탁했어도 짜증을 한 번도 내지 않았다. 그런데 갑자기 왜 '버릇없는 아이'가 된 것일까? 나는 스스로를 자책했고, 모든 문제를 나로 돌렸다. 그런데, 그것이 꼭 정답만은 아니었다.

여름 방학이 다 끝나가는 어느 날, 나는 금요철야를 마치고 강대상에서 기도하는 엄마에게 다가가서 아빠에 대한 나의 솔직한 심정을 낱낱이 털어냈다. 엄마는 나를 혼내지도 않았고, 내 감정을 무시하지도 않았다. 엄마는 신중히 듣다가 나에게 말했다.

"메리, 우리 그럼 성령님께 물어보자."

"응?"

"메리도 알잖아, 성령님은 우리가 기도로 물어볼 때, 모든 것을 생각나게 하시고 가르쳐 주신다는 걸.

> "보혜사 곧 아버지께서 내 이름으로 보내실 성령
> 그가 너희에게 모든 것을 가르치고
> 내가 너희에게 말한 모든 것을 생각나게 하리라."
>
> (요 14:26)

나는 성령님께 기도로 구하기 시작했다.

"성령님, 저 너무 힘들어요. 아빠를 보면 분노와 짜증이 올라오는데 어떻게 해결해야 할지 모르겠어요. 왜 저에게 아빠에 대한 이런 부정적인 마음이 있을까요? 제발 이유를 알려주세요, 성령님…"

얼마 기도하지 않아, 성령님은 나에게 하나의 그림을 보여주셨다. 내가 미국에서 다니던 초등학교 교실의 모습이었다. 다른 아이들은 아빠와 엄마가 함께 참관하는데, 나 혼자만 엄마뿐이었다. 캠코더를 한 손에 들고, 다른 손으로 딸에게 열심히 손을 흔드는 엄마의 모습이 보였다. 그 모습을 보면 엄마에게 늘 고마운 마음이 들었지만, 한편으로는 아빠를 그리워하는 어릴 적 나 자신이 보였다. 성령님은 이 외에도 내가 미국에서 지낸 모든 세월을 파노라마처럼 보여주셨다. 발레 발표회 때도, 바이올린 발표회 때도 늘 관중석에는 엄마 혼자였고, 주말마다 놀러가는 도서관에는 샌드위치를 반반 나눠먹는 나와 엄마뿐이었고, 저녁마다 우리의 부엌 식탁에는 엄마와 나의 접시뿐이었다.

　성령님은 나에게 보여주신 환상들을 통해 내 안에 왜 아빠에 대한 분노가 생겼는지 깨닫게 하셨다. 사랑과 인정은 많았지만, 아빠는 나에게 늘 부재중인 존재였다. 비전도 크고, 열정도 대단한 아빠는 미국에서 신학을 공부할 때도 교회를 개척했고, 유학을 마친 2009년 여름에 온 가족이 한국으로 들어왔을 때도 곧바로 교회를 개척하셨다. 아빠는 새벽 4시에 나가면 밤 12시나 돼야 볼 수 있는 존재였다. 집에서보다 교회에서 더 자주 보는 늘 바쁜 존재였다. 솔직히 말한다면, 어렸을 적 아빠와 함께한 추억이 많이 떠오르지 않는다. 내 기억 속 '가정'은 나와 엄마, 그리고 우리가 미국에서 키우던 개, '은실'이 셋뿐이었다.

　초등학교 6학년이 되었던 2009년 여름, 나와 엄마는 아빠를 따라 한국으로 이사를 왔다. 그때 나는 아빠의 삶이 모두 바뀔 줄 생각했다. 하지만, 한국으로 돌아온 아빠는 곧바로 '열방제자교회'를 개척했고, 갈수록 나에게 더 많은 사역을 부탁하기 시작했다. 매일 예배 참석, 피아노 반주, 바이올린 오케스트라 연주, 파워포인트 정리, 주일주보 접기, 헌금봉투 끼워 넣기, 행사 포스터 디자인, 광고 영상 제작, 설거지, 바닥 청소, 음식물 쓰레기 처리 등 나에게 한국에서 보낸 중고등학교 시절은 순종의 훈련 시간이었다.

하지만 의아하게도, 보통이면 사춘기가 심할 중고등학생 때의 나는 아빠에게 화를 낼 수가 없었다. 교회도 작고 교역자도 부족하니, 목회자 딸인 내가 당연히 섬겨야 했다. 아빠는 나에게 '완벽한' 아버지였기 때문에 주야로 몸도 사리지 않고 사역하는 아빠의 부탁을 거절하는 것에 죄책감을 느꼈다. 그런데, 그것이 꼭 정답만은 아니었다. 나도 몰랐던 아빠에 대한 오래된 상처로 인해, 나는 대학생이 되면서 아빠에 대한 분노와 원망이 생기기 시작했고, 어느 날부턴가 아빠의 문자와 전화를 다 무시할 때도 있었다.

하지만 대학교 1학년을 마친 여름방학 때, 성령님은 기도하는 나에게 내 안에 아빠에 대한 상처가 있음을 깨닫게 하셨고, 이 해결되지 않은 상처가 아빠에 대한 분노와 원망을 일으키는 것까지 알게 하셨다. 엄마는 그날 바로, 아빠와 대면해서 이것을 해결하자고 권했고, 나는 그렇게 하기로 결단했다. 집에 들어와 거실 바닥에 앉아 아빠를 기다렸다. 자정이 되자, 아빠가 집에 들어오셨다. 나는 아빠에게 꼭 해야 할 말이 있다며 잠깐만 거실로 와달라고 부탁했다. 아빠는 얼른 옷을 갈아입으시고 거실로 나와 내 앞에 동그란 눈으로 앉으셨다.

"아빠, 아빠는 나에게 정말 좋은 아버지예요. 인정해주고 칭찬해주고 격려해주고. 그런데 어느 순간부터 내 안에 아빠에 대한 분노가 생기기 시작했어요. 아빠가 문자로 번역해달라는 글귀를 보낼 때도 짜증나고, 전화로 모르는 사람을 막 바꿔줄 때도 너무 짜증나고, 아빠가 시키는 모든 것이 다 싫어졌어요. 그래서 오늘 금요철야 때 성령님께 물어봤어요. 나는 정말 아빠를 사랑하는데, 왜 내 안에는 이유 모를 분노가 있을까? 그런데 성령님께서 바로 보여주셨어요. 어렸을 때부터 아빠는 나에게 늘 부재중인 존재였다고요. 그런데 커서도 나랑 시간을 보내주기는커녕, 맨날 일, 일, 일만 부탁하잖아요. 미국에 있을 때 아빠한테 전화가 오면, '나한테 또 뭘 시키려고'라는 생각이 먼저 들고, 아빠한테 문자가 오면 일부러 안 읽을 때가 더 많았어요."

사실, 나는 아빠에게 이전에는 이런 말을 한 번도 해 본 적이 없었다. 말을 하면서도 아빠에게 미안했고, 이미 지난 일을 가지고 너무 오버하는 것이 아닐까 생각이 들기도 했다. 하지만 첫 몇 마디를 꺼내자마자, 나는 내 마음 속 깊은 곳에서 삭혀 두었던 모든 서러움과 슬픔이 눈물로 쏟아져 나오기 시작했다.

"아빠, 나 너무 힘들었어요. 나도 다른 아이들처럼 그냥 아빠랑 엄마랑 소풍도 가고 놀러 다니고 싶은데…"

나는 주체할 수 없이 눈물을 흘렸다. 처음으로 딸의 우는 모습을 본 아빠는 놀라면서 나에게 해명을 하려고 입을 열었다.

"아빠가 얼마나 메리를 사랑하는데, 아빠가 사역하고 전도하느라 얼마나 바쁜지 알잖아, 그게 아빠의 최선이었어."

하지만 그 순간, 옆에 앉아있던 엄마는 아빠의 다리에 손을 얹고 말했다.

"Just listen. 그냥 들어줘요."

나는 그 적막 속, 내 안에 모든 서러움과 슬픔이 터져 나올 때까지 울었다. 그동안 누르고 삭혔던 감정들이 모두 밖으로 나오자 마음이 후련하고 시원했다. 마치 에어컨을 빵빵하게 틀어 놓은 것처럼 말이다. 나는 눈물을 닦고 코를 훌쩍대며 고개를 들어 아빠를 쳐다봤다. 아빠의 눈에도 눈물이 맺혀 있었고, 나를 가만히 쳐다보시더니 나에게 진심을 담아 고백하셨다.

"메리야, 네가 많이 힘들었겠구나, 아빠가 정말 미안해."

나는 아빠의 그 말을 듣자마자 눈물이 쏟아졌다. 이 눈물은 나의 감정을 토설할 때의 눈물과는 차원이 달랐다. 나의 힘들었던 감정을 그간 이해해주지 못한 것에 대해 사과하는 아빠의 그 짧은 한마디에, 내 안에 딱딱한 마음의 벽이 눈처럼 녹아내리는 것을 체험했다. 그날, 나는 아빠를 용서했고 내 안에 아빠를 증오했던 모든 죄를 하나님께 회개했다. 용서는 상대방이 아닌, 나를 위한 것이다. 그 사람은 내가 지금 어떤 마음으로 사는지 전혀 모르는데, 나만 아픈 마음으로 살아간다. 그날 이후로, 내 마음은 너무 따뜻해졌고, 내 안에 자리 잡았던 원망과 분노는 말끔히 사라졌다. 무엇보다 내 안에 아빠를 사랑하는 마음이 다시 회복되었다.

많은 사람들은 내적치유를 오해한다. 내적치유는 자아를 파쇄하지 않는 것이고, 오히려 자아를 위로하는 인본주의화된 심리치료라고 생각한다. 하지만, 그것은 사실이 아니다. 내적치유는 용서와 회개의 작업이다. 내 안에 과거의 사건으로 인해 생긴 상처와 아픔, 용서하지 못하는 마음들은 쓴 뿌리로 남아 결국, 하나님을 바라볼 수 없게 하고 사람과의 관계도 힘들게 한다.

> "모든 사람과 더불어 화평함과 거룩함을 따르라
> 이것이 없이는 아무도 주를 보지 못하리라
> 너희는 하나님의 은혜에 이르지 못하는 자가 없도록 하고
> 또 쓴 뿌리가 나서 괴롭게 하여 많은 사람이
> 이로 말미암아 더럽게 되지 않게 하며."
>
> (히 12:14-15)

내적치유는 절대 복음을 대체할 수 없다. 우리에게 복음은 오직 예수 그리스도다. 하지만 마음의 밭이 깨끗이 기경된 후에 예수 그리스도의 복음을 심는다면, 그 삶은 100배, 60배, 30배의 열매를 거둔다고 마태복음 13장은 약속한다.

아무리 좋은 말씀을 듣고 예배를 많이 드리고 성경을 많이 읽는다 해도, 우리의 마음 밭이 정리되지 않으면, 하나님의 말씀이 우리의 마음속으로 들어갈 수 없다. 농부가 씨를 뿌릴 때 최고의 씨를 가지고 있어도 밭을 제대로 기경하지 않으면, 절

대로 그 좋은 씨가 싹을 틔울 수 없다. 따라서 지혜로운 농부는 먼저 밭을 기경해야 한다.

나는 마음의 밭을 기경한 후, 아빠와의 관계가 회복되는 축복을 누렸다. 그리고 보다 더 큰 축복은 하나님 아버지와의 관계가 깊어졌다. 나에게 있어 아빠는 바쁘고 부재중인 존재였다. 그래서 영적인 아버지인 하나님도 똑같다고 느꼈다. 비전도 크시고 일도 많으신 하나님은 늘 바쁜 존재 같았고, 하나님으로부터 사용받기 위해서는 완벽해야 한다는 부담감이 있었다.

하지만, 마음의 밭을 정리한 후에 나와 아빠의 관계는 회복되었고, 더 나아가 육신의 아버지와 영적인 아버지를 분리시킬 수 있는 눈이 생겼다.

아빠와 화해한지 몇 날 지나지 않아 하나님은 기도하는 나에게 이같이 말씀하셨다.

"메리."

"네?"

"나는 그 어떤 비전보다 네가 가장 소중하단다."

(...)

"네가 나의 비전을 이루지 못한다 해도, 너는 나에게 최고의 존재란다. 네 존재 자체만으로도 나는 너를 사랑한단다."

하나님의 음성을 듣는 순간, 내 눈에서 폭포수 같은 눈물이 쏟아졌다. 내 마음에 다 담을 수 없는 하나님의 사랑을 느꼈다. 그 사랑이야말로, 오늘까지 지속될 뿐 아니라 날마다 새롭게 커지고 있다.

하나님은 언제나 우리에게 '나는 너를 너무 사랑한단다'라고 말씀하신다. 하지만, 왜 우리는 하나님의 음성을 듣지 못할까? 이것은 하나님의 목소리가 작아서도 아니고, 우리의 노력이 부족해서도 아니다. 이것은 땅에 묶인 상처가 하늘에 계신 하나님 아버지의 음성까지도 묶어 버리기 때문이다. 하지만 마음의 밭을 기경하면, 그 마음에 하나님의 사랑이 부어지기 시작한다. 이것은 내가 경험했기 때문에 자신있게 이야기할 수 있다. 말씀을 읽을 때도 깊이가 달라지고, 모든 말씀에 하나님의 사랑이 가득 차 있음을 발견하기 시작한다. 또한, 하나님을 바라보는 시선도 완전히 바뀐다. 하나님은 능력과 위엄도 있으신 분이지만, 나의 작은 신음에도 공감하시고 응답하시는 분이다.

나는 아빠와의 회복을 통해, 하나님 아버지에 대한 오해를 해결하고 하나님을 인격적으로 체험하게 되었다. 결국, 그분을 내 목숨보다도 더 사랑하게 되었다. 누구든지 하나님의 사랑을 제대로 보기만 한다면, 그분을 위해 내 목숨이 더 이상 아깝지가 않고 하나님을 위해 불사할 수 있는 목숨이 하나 밖에 없다는 것이 아쉬울 뿐이다.

하나님께서 태초에 사람을 창조하실 때, 사람에게 선천적인 정신적 건강과 힘을 주셨다. 이것은 사람이 하나님과 완전하게 연합된 상태였기 때문이다. 에덴동산에서의 아담과 하와는 매일 하나님과의 인격적인 교제가 있었고, 그분의 음성을 듣고 화답하는 삶을 살았다. 하지만 선악과 사건으로 인해, 사람은 하나님과의 연합에서 끊어졌고 그분으로부터 독립된 지정의를 가지고 살기 시작한다. 독립된 지정의는 고아의 영성이고, 고아의 영성은 두려움을 스스로 해결하려는 불완전한 마음이다.

궁극적으로, 우리는 하나님의 음성을 들어야 한다. 사람의 위로는 잠깐이지만, 하나님의 음성은 영원하다. 하나님의 음성은 우리에게 끝까지 이길 수 있는 힘을 준다.

"풀은 마르고 꽃은 시드나
우리 하나님의 말씀은 영원히 서리라 하라."
(사 40:8)

오늘부터 우리는 마음의 밭을 믿음으로 정리하고 옥토 밭, 곧 좋은 마음이 되어야 한다. 옥토의 마음은 하나님을 사랑하고 그분의 말씀을 지키는 마음이며, 그런 자에게 맺어지는 결실은 최소 30배라는 사실을 반드시 기억해야 할 것이다. 우리의 마음속의 거짓된 자아상, 쓴 뿌리, 세상의 가치관 등을 뽑아내고, 그 자리에 주님의 말씀이 들어오면 삶에 변화가 일어날 것이며 삶의 환경에도 놀라운 돌파가 일어날 것이다.

chapter 17

메리의 꿈

메리의 꿈

우리의 마음 밭이 깨끗하게 기경되어 갈수록, 하나님께서 우리에게 주신 비전은 더 선명해진다. 초등학교 6학년 때, 나의 꿈은 단순히 세계적인 여성 사업가였다. 하지만 하나님과의 지속적인 관계 안에서 하나님께서는 나의 꿈을 확장시켜주고, 구체적으로 설명해주기 시작하셨다. 그렇게 나는 24살에 세 가지의 꿈을 품게 되었다.

나에게는 세 가지의 꿈, 말씀 사역자, 세계적인 여성 CEO, 그리고 국가적인 리더가 있다.

- **첫 번째 꿈, 세계적인 말씀 사역자**

나는 세상의 그 어떤 자리보다 강대상 위에서 말씀을 증거하는 자리가 가장 행복하다. 어렸을 때부터 인형들을 앉혀 놓고 몇 시간씩 혼자 중얼대며 상상 속의 '테디,' '샐리,' '케이티,' '잭'에게 책을 읽어주는 것이 나에게는 가장 재미있는 놀이였다. 중학교 때는 친구들의 공부를 돕는 것이 내 공부를 하는 것보다 즐거웠다. 고등학교 때는 학교에서 학생 과외로 일하는 시간이 하루 일과 중 가장 기쁜 순간이었다. 더 나아가 대학교 때는 대학교 내에서 학생 과외로만 가르친 것이 아니라 교회 청년부에서도 청년들에게 4년 동안 성경공부를 인도했었다. 그리고 그때 하나님께서 나에게 주신 가르침의 은사가 폭발적으로 성장했다.

나의 MBTI(Myers Briggs Type Indicator) 성격 유형은 ENFJ, 곧 '성장을 돕는 선생님' 유형이다. ENFJ는 자기의 선한 일을 통해 다른 이들이 세상의 빛과 소금이 될 때 큰 자부심과 행복을 느끼는 성격 유형이다. 나는 이것을 태초부터 하나님께서 나에게 주신 은사라고 생각한다. 나의 가르침을 통해 누군가가 빛을 발할 때 가장 큰 희열을 느낀다. 목사님이신 두 부모님을 통해, 말씀을 가르치는 사역은 어느새 나의 가장 큰 열정과 삶의 이유가 되었다.

나에게는 4명의 롤모델이 있다. 첫 번째는 친정 아버지 되시는 양준원 목사님이다. 양준원 목사님은 '8,000개 교회 개척과 10만 선교사 파송'의 세계선교 비전을 갖고 하루도 빠짐 없이 전도를 하신다. 나도 양준원 목사님처럼 예루살렘까지 복음을 전하는 전도자가 되고 싶다. 두 번째 롤모델은 친정 어머니 되시는 김은하 목사님이다. 김은하 목사님은 말씀과 제자 양육을 통해 사람을 각자의 부르심대로 디자인하는 은사를 갖고 있다. 나도 김은하 목사님처럼 묶여 있는 모든 사람들을 자유케 풀어내는 말씀 사역을 하고 싶다. 세 번째 롤모델은 나의 시아버님 되시는 전광훈 목사님이다. 전광훈 목사님에게는 10만 목회자를 양성한 청교도 말씀과 '예수한국 복음통일'을 이루는 시대적 사명이 있다. 나도 전광훈 목사님처럼 차세대 청교도 말씀 사역자들을 가르치고 그들과 연합하여 '백투예루살렘(Back to Jerusalem)'의 사명을 감당하고 싶다. 그리고 마지막으로 네 번째 롤모델은 미국 조지아 주에 위치한 '프리채플 교회(Free Chapel)'를 담임하시는 젠센 프랭클린(Jentezen Franklin) 목사님이다. 젠센 목사님은 성령의 새 찬양과 멜로디의 은사가 있다. 그분은 말씀 선포 도중에 색소폰을 꺼내어 찬양하는 등, 성경의 다윗처럼 성령님께서 자유롭게 운행하실 수 있는 예배를 인도한다. 나도 젠센 목사님처럼 성령님께서 운행하실 수 있는 공간을 확장하는 예배 인도자가 되고 싶다.

말씀 사역자로서 나의 궁극적인 목표는 매일같이 세계 각국의 사람들과 함께 세계기독청에서 하나님께 예배하는 것이다. 전 세계적인 성령운동 컨퍼런스를 주최하고, 수많은 인파와 함께 하나님을 송축하고 싶다. 내 평생의 소원은 하나님만을 경배하고 증거하고 자랑하는 예배자가 되는 것이다.

"내가 여호와께 바라는 한 가지 일 그것을 구하리니
곧 내가 내 평생에 여호와의 집에 살면서 여호와의 아름다움을
바라보며 그의 성전에서 사모하는 그것이라."

(시 27:4)

• 두 번째 꿈, 세계적인 여성 사업가

내가 처음으로 꿈이라는 것을 진지하게 생각한 것은 초등학교 6학년 때다. 미국에서 초등학교를 마치고, 아빠를 따라 한국으로 이사 온 나에게는 돈이라는 개념이 생소했다. 그런데, 1년 일찍 한국에 들어간 아빠가 그간 살고 있던 곳을 가보니, 한순간에 이해가 됐다. 아빠는 작고 허름한 원룸 방에서 월세 30만원을 내며 살고 계셨고, 냉장고를 열어보니 먹을 것이 하나도 없었다. 그러나 우리가 한국에 들어왔을 때는 감사하게도 방 두 칸짜리 아파트로 이사를 할 수 있었다. 하지만, 그 곳도 오래된 아파트였기 때문에, 샤워할 때 너무 뜨거운 물을 쓰면 녹물이 나왔고, 벽지 곳곳에는 구멍이 나 있었다. 경비 아저씨는 세 달에 한 번씩 관리비가 밀렸다며 우리 집 문을 쾅쾅 때리며 찾아오기도 하셨다. 나는 그때 '가난'이라는 것을 처음으로 느꼈다.

가난한 가정에서 자라는 것은 작고 허름한 집에서 사는 것뿐만 아니라 꿈도 미래도 없는 것 같았다. 아빠를 따라 한국으로 이사 온 2009년 여름, 나는 국제학교를 다닐 형편이 되지 않아 국립학교에 진학할 수 밖에 없었다. 한국어가 어눌한 나에게 이것은 정말 절망적인 일이었다. 그런데 학교 입학을 앞둔 두 달 전, 엄마는 나를 갑자기 사사학교에서 주최하는 여름 성경캠프에 보내셨다. 그리고 그 곳에서 나는 예수님의 사랑을 처음으로 뜨겁게 체험했고, 방언의 은사를 받으며 기도하는 생활을 배우기 시작했다. 인생의 터닝포인트를 선물해 준 성경캠프를 마치고 집으로 돌아온 나에게 어느 날, 하나님께서 찾아오셨다.

"메리."

"네?"

"너에게 있는 전부를 나에게 줄 수 있겠니?"

"전부요?"

"그래, 나를 믿어보렴."

하나님께서는 전부가 무엇을 의미하는지 구체적으로 말씀하시지 않았다. 하지만, 나는 하나님께서 나의 생각을 정확하게 관통하고 무엇을 바라고 계시는지 알고 있었다. 그날 저녁, 나는 내 옷장 깊은 모퉁이 사이에 둔 작은 상자 속에서 백만 원을 꺼냈다. 내가 초등학교 1학년 때부터 모아둔 나의 전 재산이었다. 나는 만원 종이에 그려진 세종대왕 백 장을 가지런히 정리하여 교회 건축헌금 봉투에 담았다. 그리고, 봉투에 유성펜으로 꾹꾹 적었다.

'하나님, 범사에 감사합니다. 하나님, 사랑합니다.'

내가 하나님께 백만 원을 드린 지 두 주도 지나지 않아서, 어느 분께서 내가 한국에서 제일 오래된 명문 국제학교를 7년 동안 다닐 수 있는 장학금을 지원해주고 싶다며 아빠와 엄마에게 전화를 하셨다. 이렇게 나는 초등학교 6학년 때 하나님께 심은 씨앗 헌금을 통해, 창조주 하나님의 위대하심을 체험했다. 그렇게 나는 한 달 만에 입학 준비를 마치고, 국제학교를 다니게 되었다. 8월 중순에 시작하는 국제학교는 마냥 좋았다. 언어도 통하고, 선생님과 아이들도 친절했고, 이곳에서는 마냥 좋은 일들만 일어날 것 같았다. 하지만, 입학한 그 순간부터 하나님은 그분의 계획을 위해 나를 연단하기 시작하셨다. 나의 생각과 기대와는 달리 나의 자존감이 바닥을 치는 7년의 시간이 시작된 것이다.

"그러나 내가 가는 길을 그가 아시나니
그가 나를 단련하신 후에는 내가 순금 같이 되어 나오리라."
(욥 23:10)

내가 다녔던 중고등학교는 한국에서 가장 오래된 국제학교다. 1년 학비가 일반 회사원의 연봉과 맞먹을 정도다. 대부분 대기업 회장, 연예인, 변호사, 의사, 교수 집안의 아이들이 다니는 학교였다. 입학한 첫날, 같은 반 남학생 아이랑 친해져서 가위바위보 놀이를 하며 그 아이의 머리에 꿀밤을 세게 내리꽂으며 놀았는데, 알고 보니 그 친구가 63빌딩 건물주 손자였다. 이런 아이들과 학교생활을 같이 한다는 것은 나에게 쉽지 않았다.

　엄마 카드로 매일 3,200원 짜리 아이스크림을 10개씩 사서 친구들에게 나눠주고, 한달에 500만원을 들여 다니는 학원은 몸이 피곤하다고 결석하고, 하교할 때는 검은 세단의 운전기사가 기다리고 있는 그들의 모습들을 볼수록 나는 내 모습이 너무 비참했다. 우리 가족은 방 두 칸짜리 집에 살고, 뜨거운 물로 샤워를 하면 녹슨 물이 나와 찬 물로 빨리 씻어야 하고, 교회 스티커가 덕지덕지 붙어있는 봉고차를 몰고 다니는데… 나는 잘 사는 집안의 아이들의 모든 것이 너무 부러웠다. 그래서 나는 돈을 많이 벌어야겠다고 결심을 했다. 나는 선생님이라는 꿈을 정리하고, 세상에서 제일 돈을 많이 벌 것 같은 직업을 골랐다.

　생각해보니, 7년 학비를 다 대주겠다고 우리 부모님에게 전화하신 집사님이야말로 나에게는 진짜 '부자'였다. 그래서 그날부로, 나의 꿈은 집사님과 똑같은 기업 회장이 되었다. 이 꿈이야말로 하나님께서 태초부터 준비하신 계획이 맞기는 했지만, 하나님은 먼저 내 안에 있는 모든 세상적인 가치관과 우상들을 뽑아내셔야 했다. 7년 동안 지속된 이 훈련은 나에게 결코 쉽지 않았다. 나는 하나님께 울부짖으며 원망도 했고, 목회자 자녀로 태어난 것이 어떻게 축복인건지 하나님께 따지기도 했다. 하지만, 하나님은 나를 늘 예배의 자리로 부르셨고, 매일 드려지는 예배마다 내가 가진 모든 소유를 하나님께 전부 심으라고 말씀하셨다.

"네 보물이 있는 그 곳에는 네 마음도 있느니라."
(마 6:21)

결국, 나를 돈의 노예로부터 완전하게 해방시켜준 것은 바로 하나님께 드린 헌금이었다. 나는 초등학교 6학년 때 백만 원을 심은 후, 그것의 30배인 일 년 학비를 7년 동안 거두는 기적을 맛보았다. 초등학교 때 하나님께 내 전부를 드린 것은 내 안에 있는 돈의 우상을 제거 하는데 가장 큰 도움이 되었다. 그 이후로, 나는 하나님께 잔인하게 심었다. 주일헌금과 십일조는 당연한 것이고, 돈이 또 크게 모아질 때마다 하나님께 이 재정을 어떻게 쓰면 좋을까 여쭤보기도 했다. 그러면, 하나님께서 꼭 며칠이 안 되어 감동을 주셨고, 나는 주시는 감동대로 나에게 허락하신 모든 물질을 흘러 보냈다. 그리고 어느덧 대학교 진학을 앞둔 고등학생인 나에게 하나님께서 다시 한 번 초등학교 때와 같이 나에게 전부를 심어보라고 하셨다. 그때 내 수중에는 역시나 백만 원이 있었다. 대학을 갈 수도 없는 재정적 형편이었지만, 나는 7년이라는 연단의 시간을 통해 창조주 하나님을 전적으로 신뢰하고 있었다. 그래서 하나님께 전부를 드렸다. 기쁨과 믿음으로 드려진 헌금을 하나님께서는 받으셨고, 그해 가을에 나는 미국의 에모리 대학교에 전액 장학생으로 입학했다. 나의 향유 옥합은 백만 원 밖에 되지 않았지만, 하나님은 70배로 매년 7천만 원 이상의 학비를 공급하셨다. 작지만 나에게는 전부였던 백만 원을 드렸는데, 하나님은 4년간 총 3억 원의 대학등록비를 나에게 쏟아 부으셨다. 우리가 섬기는 하나님은 이런 분이시다. 할렐루야!

하나님은 나의 중고등학교 시절 동안 나를 정금같이 연단하셨고, 나는 사람들을 통해 듣는 하나님이 아니라 내가 직접 체험하고 느끼고 만져본 하나님을 알게 되었다.

> "내가 주께 대하여 귀로 듣기만 하였사오나
> 이제는 눈으로 주를 뵈옵나이다."
>
> (욥 42:5)

내가 중고등학교 시절 배운 것은 첫째, 하나님은 절대 가난하지 않다는 것이다. 하나님은 온 우주만물을 창조하신 창조주 하나님이시고, 모든 물질의 주인이 되시는 분이다. 둘째, 부자이신 하나님은 아무리 많은 것을 우리에게 주고 싶어도, 돈의 노예가 된 사람에게는 주시지 않는다. 왜 그럴까? 그것은 하나님의 모든 재정에는 목적이 존재하기 때문이다. 셋째, 그렇다면 그 재정의 목적은 무엇일까? 재정의 목적은 영혼구원이다. 하나님은 영혼구원 사역에 합하게 재정을 관리할 수 있는 지혜로운 청지기를 찾으신다. 하나님은 그분의 말씀대로 순종할 수 있는 청지기에게 전무후무한 재정을 부어주신다. 그 청지기가 나와 여러분이 되기를 소망한다.

"주께서 이르시되 지혜 있고 진실한 청지기가 되어
주인에게 그 집 종들을 맡아 때를 따라 양식을 나누어 줄
자가 누구냐 주인이 이를 때에 그 종이 그렇게 하는 것을 보면
그 종은 복이 있으리로다 내가 참으로 너희에게 이르노니
주인이 그 모든 소유를 그에게 맡기리라."

(눅 12:42-44)

하나님께서는 이 같이 충성된 훈련에 합격한 나에게 여성 기업가의 꿈을 회복시켜 주셨다. 내가 여성 기업인으로서 하고 싶은 일은 다음세대를 살리는 세계적인 문화-교육 사업이다. 하나님은 엄마를 통해 나에게 어렸을 때부터 많은 것을 배우게끔 허락하셨고, 매일 예배 안에 거하는 어린 나에게 다양한 재능을 주셨다. 나는 바이올린, 피아노, 기타, 드럼, 피겨스케이

팅, 축구, 발레, 재즈 댄스, 중국어, 불어, 아랍어 등 배워보지 못한 것이 없다. 이것은 전적인 하나님의 은혜다. 하지만, 하나님의 은혜가 임하는데도 이유가 있는 법이다.

하나님은 내가 받은 재능들을 교회 안에서 사용하게끔 하셨다. 쉽게 말해, 내가 받은 재능들을 하나님을 위해 사용하게끔 하셨다. 교회 반주자가 펑크를 낼 때마다 그 빈자리를 내가 채우기 시작한 것이 중학교 2학년부터다. 그때부터 하나님은 내가 교회에서 하나님을 섬길 수 있는 자리를 마련해주기 시작하셨다. 그것은 사람들에게 보이는 피아노 반주뿐만 아니라, 사람들에게 보이지 않는 부엌 설거지까지 말이다. 하지만, 하나님 앞에는 절대 공짜가 없다. 볼품없던 나의 피아노 실력은 1년 사이에 피아노 반주자의 실력과 버금갔고, 소음같이 들리던 바이올린 실력은 3년 안에 학교 오케스트라에서 악장까지 하게 되었다. 그 뿐만이 아니다. 교회 바닥을 청소하고 주방에서 설거지를 하는 나에게 하나님은 건강을 주셔서 지금까지 단 한 번의 수술도 해 본 적이 없다. 하나님에게 절대 공짜는 없다.

이 같이 하나님의 성전 안에서 태어나고 자라고 양육되고 더 나아가 그분의 임재 가운데 거하게 된 나의 삶을 통해, 나는 하나님의 나라가 어떻게 이 땅 가운데 건설될 수 있는가에 대한 여러 방법을 깨닫게 되었다. 하나님의 나라는 모든 사람을 '예배자'로 세울 때, 이 땅 가운데 건설된다. 그리고 하나님께서 나에게 주신 시대적 사명은 예배자를 일으키는 것이다. 갇히고 답답한 마음으로 성막 뜰만 밟는 자들이 어떻게 지성소까지 들어갈 수 있는지 가르쳐 주는 것이다. 어떻게 하나님을 예배해야하는지 가르치고 훈련하는 것이다.

그래서 나는 하나님의 사업가로서, 다음세대의 영성을 성장시키는 학교를 세우고 싶다. 아래에 자세히 설명하겠지만, 이것은 일반적인 공부만을 배우는 학교가 아닌, 아이들의 은사와 재능을 마음껏 발견하고 펼칠 수 있는 학교를 세우고 싶다. 단순히 아이들의 지식을 키우는 것이 아니라, 그들의 은사적 볼륨을 높이는 학교가 될 것이다. 아이들은 재능과 꿈의 발견을 통해, 기쁨과 만족감을 누리게 될 것이고, 죄의 유혹도 이겨낼 것이다. 아이들은 더 큰 은사를 사모하게 될 것이며, 은사적 삶을 위해 예배자로 서는 훈련을 사모할 것이다. 아이들은 예배 안에서 하나님을 인격적으로 체험하고, 하나님께서 각 사람에게 주신 은사대로 교회에서만이 아니라 세상의 모든 영역 가운데 예배자가 될 것이다. 그들은 우리의 세대를 뛰어넘는, 하나님을 대변하는 멋진 하나님의 군대가 될 것이다.

> "주의 권능의 날에 주의 백성이 거룩한 옷을 입고
> 즐거이 헌신하니 새벽 이슬 같은 주의 청년들이
> 주께 나오는도다."
>
> (시 110:3)

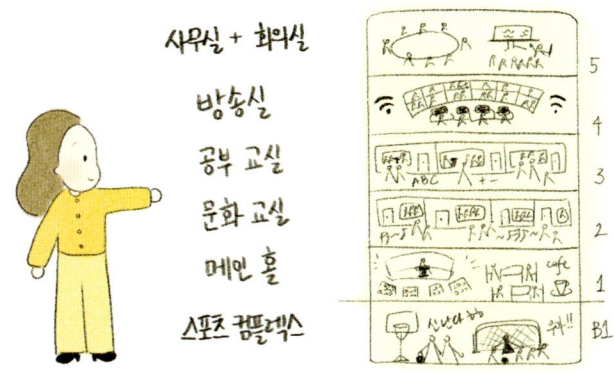

이 그림은 내가 꿈꾸는 영성 학원의 설계도다.

영성학교는 예수님을 믿지 않은 청소년들에게도 열려 있을 것이다. 스포츠 컴플렉스나 문화교실을 이용하기 위해서라도 예수님을 믿지 않는 청소년들이 영성학교에 등록할 것이다. 처음에는 개인의 발전을 위해 학원에 등록하지만, 기독교인 아이들과 어울리고 스피커로 들려오는 복음성가를 듣는 그들도 영적 반응을 보일 것이다. 즐거운 취미생활과 문화학습을 통해 억눌리고 묶여있는 아이들은 차츰 차츰 마음을 열게 될 것이다. 각양각색의 회의, 세미나, 컨퍼런스들이 열릴 것이고, 매일 아침저녁으로 예배할 것이다. 하지만, 영성학교는 학생들만을 위한 곳이 아니다. 가르치는 교사들도 영적으로 살리는 곳이 될 것이다. 재능 있는 크리스천 교사들이 물질적인 환경 때문에 세상 문화에 섞이지 않도록 그들의 은사를 지켜주고 하나님을 위한 일에 기여하도록 도울 것이다.

　하나님은 많은 이들에게 큰 뜻을 두시지만, 하나님의 큰 뜻을 이루기 위해서는 먼저 치유함이 있어야 한다. 이 영성학교는 청소년들에게 복음을 가르치고, 예언적인 은사로 치유하며, 그들에게 사도적인 기름을 부을 것이다. 이 학원을 통해 많은 청년들이 성령의 은사들을 취하고 독수리처럼 비상하게 될 것이다. 간혹 흔들리고 넘어질 때도 있겠지만, 모든 교사들은 예수님의 사랑으로 이들을 세울 것이다. 아기 독수리가 둥지에서 떨어질 때 어미 독수리가 다시 둥지 안으로 올리는 것처럼 예수님의 사랑을 실천할 것이다. 영성학교의 학생들은 하늘의 은사를 통해 두 날개를 펴고 바람에만 시선을 두는 성령의 사람들이 될 것이다. 그리고 이 영성학교는 아주 놀라운 속도로 전국적으로 퍼지게 되어 남북이 통일될 때 문화 통일에 크게 기여할 기관으로 우뚝 설 것이다. 마지막 '백투예루살렘' 운동에도 핵심적인 선교 센터의 역할을 감당할 것이다. 이것은 나의 꿈이 아니라, 하나님의 꿈이다.

> "주 여호와가 이같이 이르노라 내가 뭇 나라를 향하여 나의 손을 들고 민족들을 향하여 나의 기치를 세울 것이라 그들이 네 아들들을 품에 안고 네 딸들을 어깨에 메고 올 것이며."
>
> 　　　　　(사 49:22)

• **세 번째 꿈, 국가적인 리더**

초등학교 3학년 여름 방학 때, 엄마는 나에게 한국 문화를 가르쳐 주고 싶어서 여느 때와 같이 나를 데리고 한국으로 들어왔다. 하루는, 엄마랑 전철을 타고 어디를 가고 있었다. 나는 의자에 앉아 영어 책을 재미있게 읽고 있었다. 그런데 내 옆 자리에 앉으신 약주를 살짝 걸치신 할아버지가 뜬금없이 엄마에게 이렇게 말하셨다.

"아이 잘 키워요. 한국말을 잘 해야 해. 이 아이는 나라를 살릴 아이야."

엄마는 그 할아버지의 말씀이 그 후로도 잊히지 않았다고 한다. 약주에 살짝 취하신 할아버지이긴 했지만, 엄마는 마치 야곱이 그의 아들 요셉의 꿈을 마음에 간직했던 것처럼, 그 말을 마음에 두었다고 한다.

"그의 형들은 시기하되
그의 아버지는 그 말을 간직해 두었더라."
(창 37:11)

하나님은 모든 사람을 향한 좋은 뜻이 있으시다. 그래서 우리가 설령 그 뜻으로부터 벗어난다 할지라도, 하나님은 우리의 발걸음을 다시 인도하여 그분의 좋은 뜻에 맞추신다. 이것이 은혜다.

"사람이 마음으로 자기의 길을 계획할지라도
그의 걸음을 인도하시는 이는 여호와시니라."
(잠 16:9)

대학을 졸업하자마자, 나는 나의 길을 계획했다. 미국의 마케팅 회사에 취직해서 낮에는 출근하고 저녁에는 신학대학원을 병행할 계획이었다. 하지만 내 계획대로 되지 않았다. 내 뜻이 하나님의 뜻이 아니었기 때문이다. 결국 하나님은 나의 걸음을 다른 곳으로 인도하셨다. 그 길은 내가 상상해 본 적도 없고, 기도해 본 적도 없는 곳이었다. 그 곳은 바로 국회의사당 앞이었다.

대학을 마치고 한국에 들어와 보니, 아빠는 매주 수요일, 토요일에 국회의사당 앞에서 예배하고 계셨다. 아빠를 따라 성도들도 뙤약볕에서 고생하는데, 정작 담임 목사님의 딸인 내가 한 번도 가지 않는 것은 예의가 아닌 것 같았다. 그래서 2020년 5월에 처음으로 국회의사당 앞을 찾아갔다. 막상 예배가 시작되니, 보통 일이 아님을 체감했다. 예배하는 두 시간 동안 목사님들의 설교를 통역하는데, 지나가는 차들 가운데 창문 밖으로 손가락질을 해대는 사람도 있고, 욕을 내뱉는 사람도 있고, 경적소리를 울려대는 사람도 있었다.

처음 겪는 일에 혼란스러웠던 나는 그날부터 애국운동을 여기서 마치기로 마음을 먹었고, 드디어 기다리던 예배의 마지막 순서가 다가왔다. 모두가 국회의사당을 향해 손을 들어 통성으로 기도하기 시작했다. 나도 두 손을 들고, 내가 가장 사랑하는 그분의 이름을 내 입술의 고백으로 '하나님'이라고 불렀다. 그런데 그 순간, 하나님께서는 나의 시선을 국회의사당 건물 위에 푸르고 광활한 하늘로 이끄시며 내 마음 속에 선명하게 말씀하기 시작하셨다.

"메리야, 푸른 하늘을 바라 보거라. 너무 아름답지 않니? 나는 이 땅을 너무 사랑한단다. 이 땅은 나를 위해 순교한 수많은 자들의 피땀눈물이 심겨진 복음의 땅이란다. 이 땅은 나의 비전인 세계선교와 인류구원, 그리고 예수 그리스도의 재림을 위해 택함을 입은 제사장의 나라란다. 그런데 메리야, 내 마음이 너무 아프단다."

가장 사랑하는 사람의 마음이 아프지 않기 위해서라면 무엇이든지 할 수 있는 것처럼, 그날 내 안에 찾아온 하나님의 음성은 나를 완전히 바꿔 놓았다. 다시는 국회 앞에서 애국활동을 하지 않겠다고 한 나는 1년 동안 비가 오나 눈이 오나 매주 국회의사당 앞을 지켰다. 같은 해 8.15 집회에서 통역을 했고, 나의 조국 대한민국을 위해서라면 내 목숨까지도 던질 수 있는 성령의 사람이 되었다. 이것은 전부 하나님을 사랑하는 마음에서 시작되었다.

하나님께서 어떻게 우리의 걸음을 인도하실지 그분만이 아신다. 하지만 하나님은 말씀과 기도를 통해, 특히 우리의 영적인 리더들을 통해 각자의 부르심을 조명해주신다. 아래는 내가 2019년 여름, 노르웨이의 펠 이바 목사님으로부터 받은 예언 기도의 발췌문이다.

많은 사람들이 너의 앞에 나아아 카운슬링을 부탁할 것이다.

너는 마치 드보라처럼, 지혜로 사람들을 위로할 뿐만이 아니라 영의 문제들도 풀 수 있는 능력을 주셨다.

사람들이 너에게 와서 '우아, 가르침 속에 주님이 나에게 말씀하시는 것을 느꼈어요.'라고 말할 것이다.

이것이 바로 '나타프'의 기름부으심이다.

너의 가르침에 '나타프'의 기름부으심을 풀어 넣는다.

너의 가르침에는 한계가 없을 것이다.

초자연적인 가르침일 것이며, 사람들을 많은 방법으로 자유 케 할 것이다.

네가 생각치도 못한 것들이 가르침 가운데 성령님께서 말씀 하실 것이다.

우리 모두에게는 약속된 '콜링(부르심)'이 있다. 그리고 이 부르심의 성취는 나의 이익을 위한 것이 아니라 예수한국 복음통일을 위한 것이다. 전 세계가 마지막 때를 앞두어 긴장하는 가운데, 하나님의 촛불은 대한민국에 있다. 이런 때에 우리는 나 개인과 우리의 민족을 향한 하나님의 부르심이 무엇인지 깊이 생각해야 한다. 하나님은 대한민국을 예루살렘까지 복음을 전파할 선교주자로 부르셨고, 이 일을 위해 우리 모두에게 시대적인 사명과 각종의 은사를 주셨다.

나는 나의 조국 대한민국을 사랑한다. 그래서 사람, 환경, 국가를 풀어내는 지도자로 하나님으로부터 쓰임 받고 싶은 거룩한 욕심이 있다. 하나님의 통치가 이 나라 가운데 회복되는데 나의 전부를 하나님께 드리고 싶다. 하나님께 이 같이 모든 것을 드리는 사람들이 있는 한 대한민국은 반드시 선교한국의 사명을 이루어 낼 것이다. 이 약속은 우리에게 달려 있는 것이 아니라 하나님께 달려 있다.

"이는 만물이 주에게서 나오고
주로 말미암고 주에게로 돌아감이라
그에게 영광이 세세에 있을지어다 아멘."

(롬 11:36)

chapter 18

♥

우리 가정의 꿈

우리 가정의 꿈

우리 가정의 꿈은 무엇인가? 나와 에녹 오빠의 결혼을 향한 하나님의 꿈은 무엇인가?

우리 가정을 향한 하나님의 꿈은 '영혼구원'이다. 이 꿈은 하나님의 꿈이고, 예수님의 삶이고, 성령님의 사역이다. 하나님은 세상의 7대 영역(정치, 경제, 사회, 문화, 교육, 종교, 가정)을 통해 영혼구원의 꿈을 이루어 가고 계신다. 그 7대 영역 가운데 나와 에녹 오빠에게 주신 하나님의 시대적 사명은 부모님을 따라 말씀 사역자가 되는 것, 비즈니스를 통해 전 세계의 선교사와 목회자를 섬기는 것, 그리고 나라들을 살리는 국가적인 지도자가 되는 것이다.

하나님의 일을 감당하기 위해 우리는 성령의 불을 받아야 한다. 그래서 결혼 전부터 결혼 후 지금까지, 우리는 아침과 저녁으로 말씀과 기도의 생활을 지키고 있다. 새벽에는 기도하고, 아침에는 말씀을 배우며, 저녁에는 예배한다. 그리고 더 나

아가, 그 예배를 삶의 현장에 적용한다. 나에게 상처 준 사람을 용서하고, 내가 상처를 준 사람에게는 찾아가서 사과하며, 영적인 리더와 부모님이 하시는 말씀에는 전적으로 순종한다. 서로에게 보완해야 할 점을 들 때는 기쁨으로 노력한다. 쉽지 않지만, 우리는 한 걸음씩 성령님께서 조명하시는 순종의 제목들을 돌파해 나가는 중이다. 이것이 예수님 중심적인 결혼의 모습이고, 성공적인 결혼의 모습이다.

성령을 구하고 성실을 다할 때, 하나님은 우리에게 하나님의 것을 맡겨주기 시작하신다. 나와 에녹 오빠에게도 하나님께서 맡겨주신 것이 있다. 바로, **〈에녹메리선교회〉**다. 에녹메리선교회는 우리의 것이 아니라 하나님의 것이다. 우리는 잠시 하나님의 것을 그분이 원하는 대로 관리하는 청지기일 뿐이다.

아빠는 내가 태어날 때 'Mary(마리아)'라는 이름을 지어주며 앞으로 예수님의 어머니 마리아처럼 많은 하나님의 종들을 섬기는 딸이 되기를 소망하셨다. 그런데 결혼과 동시에, 아빠의 기도제목이 벌써 이루어지기 시작한 것이 너무나도 신기할 뿐이다.

　2021년, 우리의 결혼으로 설립된 에녹메리선교회는 대한민국의 다음세대 청소년들을 살리는 선교회다. 목회자 자녀로 자라오면서 에녹 오빠와 나는 하나님의 손길 없이는 오늘의 우리가 존재하지 않았을 것이라고 믿는다. 꿈과 재능이 잠재된 여느 아이와 같았던 우리에게, 하나님은 늘 사람을 통한 도움의 손길을 보내주셨다. 우리 부부의 비전은 우리가 받은 하나님의 은혜를 동일하게 꿈과 재능은 있지만 어려운 가정 형편 때문에 그것을 이루지 못하는 아이들에게 양육의 공동체를 선물하는 것이다. 에녹메리장학회를 통해 우리는 꿈이 있는 목회자 및 선교사 자녀들과 일반 청소년들을 선발하여 장학금을 수여할 것이다. 뿐만 아니라, 필수 세미나 과정을 통해 장학금이 재정적인 지원으로 끝나는 것이 아니라 한 영혼을 하나님의 형상으로 세워가는 복음적인 양육 시스템을 구축할 것이다.

　우리는 에녹메리선교회를 통한 장학회와 인재양성 프로그램뿐만 아니라, 가까운 미래에는 고아원과 학교도 세울 것이다. 양가 부모님의 오래된 비전을 이어받아, 우리 부부는 하나님의 형상을 입은 모든 아이들이 영혼육의 건강을 회복하고, 세상의 7대 영역의 주역으로 세워져 예수님의 재림을 준비하는 자들로 귀하게 양성할 것이다.

　이 같은 사역은 사람의 욕망이 아닌, 반납된 지정의가 선물해준 하나님의 꿈이다. 기억하라! 꿈이 크든 작든, 우리는 보화 되시는 주님을 담는 질그릇 밖에 되지 않는다. 세계적인 회사를 운영하는 사람이든, 작은 동네 마트를 운영하는 사람이든 우리에게서 빛이 나는 유일한 이유는 주님이 내 속에 왕으로 좌정하고 계시기 때문이다. 그러므로 우리는 날마다 겸손해야 한다.

"우리가 이 보배를 질그릇에 가졌으니 이는 심히 큰 능력은 하나님께 있고 우리에게 있지 아니함을 알게 하려 함이라."
(고후 4:7)

chapter 19

그리고,
메리의 마지막 꿈

그리고, 메리의 마지막 꿈

에녹 오빠와 결혼한 후, 나에게는 꿈이 한 가지 더 생겼다. 그것은 바로, 일생을 함께 할 남편을 온 마음 다해 사랑하는 것이다.

하나님의 자녀인 우리는 우리의 삶을 통해 하나님의 영원한 사랑을 비춰야 한다.

내가 하는 말과 행동을 통해, 배우자는 자기를 향한 하나님의 사랑을 느껴야 한다. 이런 사랑은 어떤 사랑인가? 배우자가 설령 사소한 일에 크게 서운해 하더라도, 그의 말을 끝까지 들어주는 사랑이다. 배우자가 이유 없이 화를 불쑥 낸다해서 똑같이 윽박을 지르는 것이 아니라 기도로 그의 내면 속에 해결되지 않은 쓴뿌리를 성령님께 보여달라 구하는 사랑이다. 또, 배우자의 모습이 실망스러워 보일지라도 그를 꼬옥 안아주며 '하나님은 당신이 잘하든 못하든 똑같이 사랑해'라며 격려해주는 사랑이다.

그래서 우리는 배우자를 향해 하늘의 언어를 자주 사용해야 한다.

"당신은 나에게 큰 힘이 돼."

"당신 같은 남편은 이 세상에 없을 거야."

"당신과 결혼한 것은 내 생애 최고의 선택이었어."

하지만, 이렇게 연습을 하지 않아도 이런 언어가 자연스럽게 나오는 배우자 유형들이 있다. 그들은 어떤 사람들인가? 그들은 하나님의 사랑으로 넉넉한 자들이다. 칭찬도 받아본 사람이 잘하는 것처럼, 사랑도 받아본 사람이 줄 수가 있다.

우리에게는 많은 사랑의 통로가 존재한다. 부모의 사랑, 친구의 사랑, 그리고 애인의 사랑도 있다. 하지만, 사람의 사랑은 늘 목마름이 찾아오고 갈급함이 해소되지 않는다. 하지만, 예수님을 통한 하나님의 사랑은 영원히 목마르지 않는다.

"내가 주는 물을 마시는 자는 영원히 목마르지 아니하리니
내가 주는 물은 그 속에서 영생하도록 솟아나는 샘물이 되리라."
(요 4:14)

우리에게는 만방족속을 향한 영혼구원의 사역도 있지만, 가장 가까운 나의 자녀, 부모, 형제, 그리고 배우자를 향한 영혼구원의 사명을 잊어서는 안 된다. 영혼구원은 단순히 예수님을 영접하는 것만을 의미하지 않는다. 진정한 영혼구원은 나

로 인해 내가 사랑하는 사람들이 예수님을 인격적으로 만나고, 하나님 아버지의 사랑을 느끼고, 죄를 이겨내고, 꿈과 비전이 회복되는 것이다. 그리고 예수님은 이 같은 사랑의 섬김이 있는 자들을 그분의 참된 제자라고 부르신다.

"너희가 서로 사랑하면 이로써
모든 사람이 너희가 내 제자인 줄 알리라."
(요 13:35)

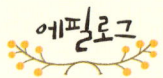

우리가 집 한 채를 지을 때도 계획 없이 짓지 않는 것처럼, 하나님도 천지를 창조하실 때 계획 없이 진행하지 않으셨다. 사람도 집 한 채를 짓기 위해서 설계도를 구상한 후에야 건설업체를 찾아가는데, 하물며 만물을 창조하신 하나님께서는 얼마나 더 완벽한 계획을 가지고 세상을 창조하셨을까!

많은 사람들은 하나님의 계획이 천지창조부터 시작된 것이라고 착각하지만, 천지가 창조되기 전부터 하나님은 이미 그분의 완벽한 구상을 끝내셨다.

> "곧 창세 전에 그리스도 안에서 우리를 택하사
> 우리로 사랑 안에서 그 앞에 거룩하고 흠이 없게 하시려고."
>
> (엡 1:4)

하나님을 모르는 사람은 자기가 왜 태어났고, 무엇을 위해 살아야 하고, 또 어디를 향해 가고 있는지 모를 수밖에 없다. 이런 사람은 정처 없이 살다가 어려운 일이 닥치면 낙심과 좌절감에 빠지고, 나중에는 안타깝게도 본인의 목숨을 끊기도 한다. 딱 한번 사는 인생, 우리는 우리의 인생을 창조하시고 섭리하시고 인도하시는 하나님을 알아야 한다. 하나님은 우리를 그분의 자녀라고 부르시며, 우리를 지극히 사랑하신다. 하나님은 창세전부터 우리를 향한 가장 좋은 뜻을 예비하셨고, 그분의 뜻은 완전하며 우리에게 가장 큰 만족감과 행복을 안겨다 준다.

이것은 결혼도 마찬가지다.

내가 24살에 한 번도 만난 적 없는 남편과 한 달 만에 결혼한 것, 뿔테 안경을 쓴 모범생 스타일을 좋아하는 내가 전직 미식축구 선수 남편을 좋아하게 된 것, 목회자 자녀와 결혼하기를 포기한 내가 목회자 집안의 남편을 만나게 된 것, 그 어느 것 하나도 하나님의 완전한 계획에서 벗어난 것이 없다.

때때로 하나님의 완전한 계획은 우리가 생각했던 길과 많이

다를 수 있다. 그럼에도 하나님의 계획을 믿고 따를 수 있는 것은 하나님이 제시하시는 길이 좋아 보이기 때문이 아니라, 그 길로 인도하시는 분이 하나님이시기 때문이다. 하나님이 어떤 분이신지 제대로 알 때 그분에 대한 신뢰가 쌓이고, 이 신뢰를 쌓는 시간을 '예배'라고 한다.

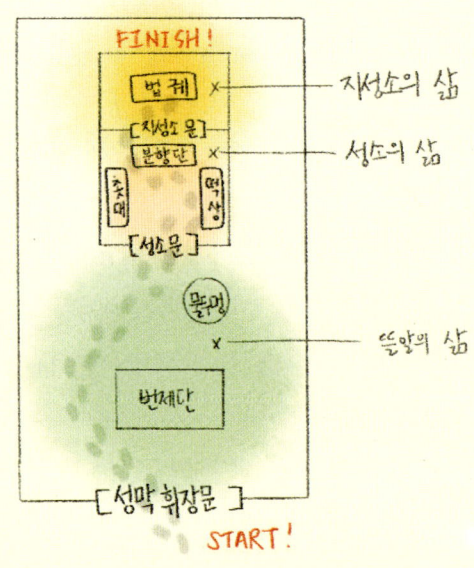

하나님을 알아가기 시작하고, 죄가 끊어지고, 삶의 꿈과 비전이 생기는 진정한 예배는, 바로 '지성소의 예배'다. 예수님을 처음으로 영접한 후, 우리는 모두 뜰 안만 밟는 신앙생활로 시작한다. 그리고 그중 몇몇은 번제단과 물두멍에서 죄를 회개하고 독립된 지정의를 반납하며, 떡상과 촛대와 분향단이 있는 성소로 들어간다. 하지만, 성소를 지나 지성소까지 이르는 삶은 극히 드물다. 하지만, 반드시 기억하자. 우리를 향한 하나님의 최종 목적지는 지성소에 들어가는 것이다. 그 곳은 주님의 옷자락이 손 스치듯 느껴지는 곳이고, 삼위일체 하나님과의 완전한 연합이 있는 곳이다. 진정한 자유함과 능력 행함, 그리고 천사들의 초자연적인 수종이 동원되는 곳이다. 지성소야말로, 진정한 돌파가 일어나는 곳이다.

뜰 안에서만 들락날락 하는 예배는 아무런 힘이 없다. 우리의 예배는 뜰 안을 넘어서, 성소를 지나서 지성소에 이를 때까지 멈춰서는 안 된다. 예배하는 것도 중요하지만, 예배에 대한 자세가 더 중요하다.

아무런 달란트도 없던 내가 많은 은사를 가지게 된 것도, 가난한 개척교회 목회자 딸이었던 내가 몇 억 원의 교육을 받게 된 것도, 이성교제의 쳇바퀴에 매였던 내가 태초부터 예비 된 남편과 24살에 결혼에 성공하게 된 것도 전부 예배 때문이다.

예배는 하나님과의 솔직한 만남의 장소다. 하나님은 우리와의 가식적인 만남, 숨기는 만남, 두려워하는 만남, 불편한 만남을 원하지 않으신다. 하나님께서 원하시는 만남은 솔직하고 편안한 것이다. 하나님은 예배의 시간을 통해, 비교의식과 낮은 자존감에 매인 자, 죄의 쳇바퀴를 돌고 있는 자, 마음이 상하고 묶여있는 자를 만나주신다. 하나님과의 만남이 있는 자에게는 슬픔이 기쁨이 되고, 무기력이 열정이 되며, 허무주의가 꿈과 비전이 된다. 우리에게는 그 어떤 만남보다 하나님과의 만남이 필요하다.

　러시아 소설가 레오 톨스토이는 '사람은 무엇으로 사는가'에 대한 답변으로, 사람은 사랑으로 산다고 말한다. 이것은 인간의 본성에 대한 분명한 사실이다. 모든 인간은 사랑에 배고프고, 사랑에 목마르고, 사랑을 위해 살아간다. 나 역시 이 목마름을 채우려고 많은 사람들을 찾아 나섰지만, 끝내 그 누구도 찾지 못했다. 그런데 사랑에 목말라 주저앉아버린 나에게, 최고의 사랑이 찾아오셨다. 그분은 나를 태초부터 계획하시고, 지금까지 한 번도 나의 곁을 떠나 본 적이 없으신 나를 지극히 사랑하시는 아버지, 바로 하나님이셨다.

나는 〈메리의 결혼 이야기〉가 완벽한 책이 되기를 바라지 않는다. 늘, 아버지 되시는 양준원 목사님께서 하시는 말씀처럼, 나는 〈메리의 결혼 이야기〉가 하나님의 사랑을 전하는 책이 되기를 바란다. 일평생을 사는 동안에, 우리에게 이루어질 최고의 만남은 부모님과의 만남도, 남편과의 만남도, 자녀와의 만남도 아니다. 오직 하나님과의 만남뿐이다. 하나님은 태초부터 자기의 기쁘신 뜻을 위하여 당신에게 소원을 두고 지금까지 행하고 있으시다. 이제는 그분의 크신 사랑을 믿기를 바란다.

"내가 확신하노니 사망이나 생명이나 천사들이나
권세자들이나 현재 일이나 장래 일이나 능력이나
높음이나 깊음이나 다른 어떤 피조물이라도
우리를 우리 주 그리스도 예수 안에 있는
하나님의 사랑에서 끊을 수 없으리라."

(롬 8:38-39)

이 책은 태초부터 우리를 포기하지 않으신
하나님의 사랑 이야기다.
이 책은 돌아온 탕자 같은 우리를 아들이라 불러주시는
하나님의 사랑 이야기다.
그리고 이 책은 사단에게 무너졌던 우리를 예수 그리스도를 통해
다시 이기는 자로 세우시는 하나님의 사랑 이야기다.

이 책은 당신을 향한 **〈하나님의 사랑 이야기〉**다.

메리의 결혼이야기

초판 1쇄 발행	2022년 5월2일
지은이	양메리
등록번호	2014-000295호
등록일	2014년 10월17일
등록된곳	서울시 성북구 화랑로33길 39 2층 20-3호(청마빌딩)
발행처	(주) 퓨리턴퍼블리싱
이메일	contact @puritianpublishing.co.kr
전화번호	070-7432-6248
ISBN	979-11-954869-9-1 03230
책 가격	16,000원